Restkreditversicherung

Taschenbücher für GELD · BANK · BÖRSE — GBB

Harald Schulz
Volker Stegmann
Jürgen Uffmann

Restkreditversicherung
Zahlungsverpflichtungen versichern

FRITZ KNAPP VERLAG · FRANKFURT AM MAIN

Besuchen Sie uns auch im Internet unter
www.knapp-verlag.de

ISBN 978-3-8314-1225-9

© 2007 by Fritz Knapp Verlag GmbH, Frankfurt a. M.

Gestaltung: Service & Agentur H. Nöbel, Hofheim
Satz: Multimedia & Preprint R. Sitte, Tautenhain
Druck- und Bindearbeiten: A. Hellendoorn KG, Bad Bentheim

Printed in Germany

Inhaltsverzeichnis

Vorwort	VII
1. Grundsätzliches zur Restkreditversicherung	1
1.1 Die historische Entwicklung	1
1.1.1 1917: Der Anfang in den USA	1
1.1.2 Europa-Start in der Schweiz	2
1.1.3 Die Restkreditversicherung in Deutschland	3
1.2 Argumente für den Versicherungsschutz	4
1.2.1 Versicherungen für Kreditnehmer	4
1.2.2 Die Vertragspartner der RKV	5
1.2.3 Versicherungsbeiträge sind keine Kreditkosten	6
1.2.4 Lebensversicherung statt Restkreditversicherung?	7
1.3 Versicherbare Risiken	8
1.3.1 Grundsätzliches	8
1.3.2 Todesfallversicherung	9
1.3.3 Versicherung des Arbeitsunfähigkeitsrisikos	10
1.3.4 Versicherungsschutz bei Arbeitslosigkeit	10
1.3.5 Versicherungsbeiträge	11
2. Versicherungslösung	13
2.1 Die aufsichtsrechtlichen Regelungen	13
2.1.1 Harmonisierung nach der 3. EU-Lebensversicherungs-Richtlinie	15
2.1.2 Grenzüberschreitende Anbieter nehmen zu	16
2.1.3 Rahmenverträge ordnen die Vertragsbeziehungen	16
2.2 Rationelle und serviceorientierte Produktabwicklung	18
2.2.1 Beratung, Vertragsabschluss und Beitragsinkasso	18
2.2.2 Vertragsänderungen	22
2.2.3 In der Leistung zeigt sich die Produktqualität	26
2.3 Hilfreiche Technik erleichtert und beschleunigt den Prozess	33
3. Zum Vertrieb der Restkreditversicherung	35
3.1 Geschäftsfelder und Anbieter in Deutschland	35
3.1.1 Geschäftsfelder	35
3.1.2 Anbieter	40

3.2	Grundsätze des Vertriebs und Vertriebswege	41
	3.2.1 Grundsätze des Vertriebs	41
	3.2.2 Vertriebswege	42
3.3	Marketingmaßnahmen	44

4. Die Restkreditversicherung im Urteil von Rechtsprechung, Verbraucherschutz und Versicherungsaufsicht — 47

4.1	Ausschlussklausel statt Gesundheitsprüfung	47
4.2	RKV-Beiträge und Effektivzinsberechnung	49
4.3	Restkreditversicherung oder Risikolebensversicherung?	50
4.4	Restkreditversicherung – quasi obligatorisch?	51
4.5	EU-Versicherungsvermittlungsrichtlinie und VVG	51

5. Payment Protection – mehr als eine Restkreditversicherung — 55

5.1	Die Chancen in Deutschland	55
	5.1.1 Unterschiede Payment Protection Insurance (PPI) – Restkreditversicherung	55
	5.1.2 Marktchancen in Deutschland	58
	5.1.3 Besonderheiten für städtische Versorgungsunternehmen	60
	5.1.4 Lifestyle Protection	61
	5.1.5 Anforderungen an die Anbieter	62
5.2	Tendenzen im europäischen Ausland	63

6. Arbeitsgrundlagen — 65

6.1	Mustervertrag Restkreditversicherung	66
6.2	Merkblatt für die Restkreditversicherung	69
6.3	Auszug aus den Allgemeinen Versicherungsbedingungen für die Restkreditversicherung auf den Todes- und Arbeitsunfähigkeitsfall	72
6.4	Allgemeine Versicherungsbedingungen für die Arbeitslosigkeits-Zusatzversicherung (ALV)	79
6.5	Merkblatt zur Datenverarbeitung	87

7. Anhang

Lexikon der Restkreditversicherung 95

Vorwort

Wenn ein Kreditnehmer sich gegen unerwartete Probleme beim Erfüllen seiner Ratenverpflichtungen absichern will, schließt er über seine Bank eine entsprechende Versicherung ab – zusätzlich zum Kredit; eine Restschuldversicherung, Restkreditversicherung, Restkreditlebensversicherung, Restwertversicherung, Kreditlebensversicherung, Payment Protection – der Sprachwirrwarr ist groß und verursacht viele Missverständnisse bei Bankkunden, Verbraucherschützern und Gerichten.

Ein Ziel, das wir mit diesem Buch verfolgen, ist mehr Klarheit in diesem Geschäft. Als Restschuldversicherung oder Kreditlebensversicherung wurde der Versicherungsschutz in der Vergangenheit angeboten. Diese Bezeichnungen waren zutreffend, solange nur die Risiken Tod und Arbeitsunfähigkeit gedeckt wurden und die waren Sache der Lebensversicherer oder der privaten Krankenversicherer.

Seit es die Dienstleistungsfreiheit in der Europäischen Union gibt, hat sich das Angebot erweitert; über kooperierende Schadenversicherer bieten die Unternehmen jetzt auch Versicherungsschutz für den Fall der Arbeitslosigkeit an und entsprechen damit den Wünschen von Kreditnehmern und Kreditgebern.

Die Autoren plädieren dafür, künftig einheitlich von *Restkreditversicherung* zu sprechen, wenn der Versicherungsschutz für Privatkredite, Auto- und Baufinanzierungen, Leasingverträge und Kreditkarten gemeint ist. Damit wird deutlich: Es handelt sich um eine Versicherung, die Ratenzahlungen und Salden aus Kreditverträgen deckt – eben den Restkredit.

Besser und griffiger wäre der Name Kreditversicherung, doch der ist seit langem besetzt; die Kreditversicherung, die auch Delkredereversicherung heißt, ist ein Zweig der Schadenversicherung, zu dem u. a. die Warenkreditversicherung gehört.

Der Name Payment Protection sollte der Versicherung von laufenden Zahlungsverpflichtungen wie Mieten, Telefonkosten usw. vorbehalten bleiben. Hier wird normalerweise kein Todesfallschutz benötigt und statt eines mit zu finanzierenden Einmalbeitrages werden laufende Beiträge erhoben. Ob sich für dieses Geschäft die englische Bezeichnung auf dem deutschen Markt durchsetzen wird, bleibt abzuwarten. Der Unterschied zwischen diesen beiden Versicherungsangeboten sollte schon im Namen erkennbar sein.

Ein weiteres Anliegen des Buches ist es, Klarheit über die rechtlichen Verhältnisse zu schaffen – auch hier gibt es Missverständnisse und Fehldeutungen. Die Restkreditversicherung ist nur als Mengengeschäft unbürokratisch und preiswert zu organisieren. Das bedeutet rechtlich ein Dreiecksverhältnis, in das Kreditnehmer, Kreditgeber und Versicherer eingebunden sind. Ein Rahmenvertrag regelt die Rechtsverhältnisse.

Die letzte grundsätzliche Veröffentlichung zur Kreditlebensversicherung bzw. Restschuldversicherung ist 1988 erschienen – ebenfalls im Fritz Knapp Verlag. Seitdem hat sich so viel verändert, dass es den Autoren richtig erschien, jetzt den aktuellen Stand dieses bedeutender gewordenen Geschäftsgebietes zu beschreiben.

Seit 1957 wird die Restschuldversicherung in Deutschland angeboten. Wir ziehen also Bilanz nach 50 Jahren – eine Zwischenbilanz, denn die Entwicklung wird weitergehen. Wir dokumentieren nicht nur, was heute unter dem Strich steht, sondern werfen auch einen Blick auf die weitere Entwicklung. Es interessiert natürlich auch, welchen Einfluss künftig Versicherer aus der Europäischen Union auf den deutschen Markt nehmen werden.

Wir danken allen, die uns bei der Manuskripterstellung und den Korrekturarbeiten tatkräftig unterstützt und dabei ihr eigenes Know-how in das Werk mit eingebracht haben.

Frankfurt am Main, im September 2007

Harald Schulz
Volker Stegmann
Dr. Jürgen Uffmann

1. Grundsätzliches zur Restkreditversicherung

1.1 Die historische Entwicklung

1.1.1 1917: Der Anfang in den USA

Die Credit Life Insurance – so heißt die Restkreditversicherung folgerichtig in den Vereinigten Staaten – geht auf das Jahr 1917 zurück. Marktbedeutung gewann diese Sonderform der Lebensversicherung nach dem Zweiten Weltkrieg; damals nahm in den USA die Zahl der herausgelegten Ratenkredite kräftig zu. 1957, als in Deutschland zaghaft die ersten Restschuldversicherungen abgeschlossen wurden, betrug dort die Versicherungssumme aller für den Fall des Ablebens des Kreditnehmers versicherten Kreditgeschäfte bereits mehr als 30 Milliarden US-Dollar.

Die Credit Life Insurance wurde ähnlich abgewickelt wie bei uns heute die Restkreditversicherung. Es gab in den USA schon sehr früh Vereinfachungen für den Verkauf und die Verwaltung dieses Mengengeschäfts. In den Vereinigten Staaten gibt es zum Beispiel seit Jahrzehnten altersunabhängige Beiträge für die Todesfallversicherung.

Bei Rahmenverträgen mit einer großen Anzahl von versicherten Kreditnehmern verzichten die Versicherungsunternehmen darauf, die unterschiedlichen Risiken zu bewerten. Jede beantragte Versicherung wird angenommen und im Todesfall ausgezahlt. Bei Selbstmord des versicherten Kreditnehmers allerdings nur, wenn die Versicherung – je nach Bundesstaat – ein, zwei oder drei Jahre bestanden hat. Ein vom Durchschnitt abweichender Verlauf des Todesfallrisikos innerhalb von Rahmenverträgen wird durch das „experience rating", eine jährliche Nachkalkulation auf der Basis des versicherten Bestandes, berücksichtigt.

Beim Arbeitsunfähigkeitsrisiko verzichten die US-Versicherer ebenfalls auf Fragen nach dem Gesundheitszustand; sie operieren mit Ausschlussklauseln, die sie von der Leistung freistellen, wenn während der ersten sechs oder zwölf Monate nach dem Versicherungsabschluss die Arbeitsunfähigkeit eintritt und dieser Leistungsfall auf einer Gesundheitsschädigung basiert, die in den letzten sechs oder zwölf Monaten vor Abschluss der Versicherung ärztlich behandelt oder diagnostiziert wurde.

Ähnliche Erleichterungen für die Abwicklung des Geschäfts konnten in Deutschland erst realisiert werden, als sich infolge der Dienstleistungsfreiheit innerhalb der EU der Wettbewerbsdruck der europäischen Versicherer deutlich bemerkbar machte.

1.1.2 Europa-Start in der Schweiz

Auf dem europäischen Kontinent starteten die Schweizer Lebensversicherer 1955 das Geschäft mit der „Restschuldversicherung". Diese neue Form der Lebensversicherung wurde jedoch in der Schweiz keineswegs überall freudig begrüßt. Abzahlungsgeschäfte galten nicht als salonfähig.

So war es noch 1960 erforderlich, die Restschuldversicherung in einem Zeitungsartikel ins rechte Licht zu rücken. Dabei wurde herausgestellt: „Eine Restschuldversicherung verschafft dem Käufer das Gefühl der Ruhe und Sicherheit und befreit die Familie des Käufers von ihren Sorgen um die Erbringung der noch fälligen Ratenzahlungen." *(Neue Zürcher Zeitung vom 22. September 1960).*

Zu Beginn gab es in der Schweiz drei Vertragsformen:

- die obligatorische Restschuldversicherung
- die obligatorische Außenstands-Versicherung
- die fakultative Einzel-Restschuldversicherung

Inzwischen ist auch der Schweizer Versicherungsmarkt dereguliert und es gibt alters- und geschlechtsneutrale Tarife für die bekannten Risiken Tod und Arbeitsunfähigkeit. Internationale Anbieter versichern die Kreditraten für den Fall der Arbeitslosigkeit – oft gemeinsam mit den heimischen Versicherern auf dem Weg der Mit- oder Rückversicherung.

Einen Sonderweg geht die schweizerische Migros Bank. Sie wirbt für ihre Privatkredite mit „Raten- und Restschulderlass bei Unfall, Krankheit, Todesfall usw.". Sie konkretisiert das mit dem Hinweis: „Restschuldversicherung im Todesfall inbegriffen; Ratenerlass bei

Arbeitsunfähigkeit infolge Krankheit oder Unfall inbegriffen." Die Bank stellt eine obligatorische Restkreditversicherung als einen Produktvorteil heraus, dessen Kosten sie den Kreditnehmern nicht gesondert in Rechnung stellt.

1.1.3 Die Restkreditversicherung in Deutschland

„Ich setze voraus, dass mit dem genehmigten Tarif nicht, auch nicht bei Abzahlungsfirmen, geworben wird und entsprechende Verträge nur mit denjenigen Abzahlungsfirmen geschlossen werden, welche bereits an Sie herangetreten sind." Mit dieser Einschränkung versah das damalige Bundesaufsichtsamt für das Versicherungswesen seinen ersten Genehmigungsbescheid für Restschuldversicherungen. Er erging im Oktober 1957 an die Vita Lebensversicherungs-AG – heute Zurich Leben. Das verdeutlicht die Situation bei der Aufnahme dieses Geschäftszweiges in Deutschland vor 50 Jahren. Es war ein neuer Weg für die Versicherer und für die sie beaufsichtigende Behörde.

Nach dem genehmigten Geschäftsplan konnte seinerzeit schon das Risiko der Arbeitsunfähigkeit mitversichert werden – als Zusatzversicherung zur Todesfallversicherung. Die der Vita folgenden Anbieter versicherten das Arbeitsunfähigkeitsrisiko entweder als Zusatzversicherung – das waren hauptsächlich die deutschen Niederlassungen der großen Schweizer Lebensversicherer – oder sie kooperierten mit einem privaten Krankenversicherer. Die Versicherungsdauer war auf 36 Monate begrenzt, die anfängliche Versicherungssumme durfte 20.000 DM nicht überschreiten und das Höchstendalter lag bei 65 Jahren.

Niemand konnte sich Ende der fünfziger Jahre ein Mengengeschäft heutigen Umfangs vorstellen Die Versicherungsaufsichtsbehörde entschied damals, dass die Restschuldversicherung eine Einzelversicherung sei und verlangte das Ausstellen eines Versicherungsscheins. Dieser zeitraubende und teure Weg wird nicht mehr praktiziert: Heute erhält der Kreditnehmer als versicherte Person eine Kopie seines Antrages als Versicherungsbestätigung und ein Merkblatt, das wegen vieler europäischer und deutscher Rechtsvorschriften leider sehr umfangreich sein muss.

1.2 Argumente für den Versicherungsschutz

1.2.1 Versicherungen für Kreditnehmer

Eine Restkreditversicherung (RKV) bietet Kreditkunden die Chance ihre Zahlungsverpflichtungen aus Konsumentenkrediten und Absatzfinanzierungen gegen Wechselfälle des täglichen Lebens abzusichern; gegen die biologischen Risiken Tod und Arbeitsunfähigkeit und neuerdings auch gegen das wirtschaftliche Risiko der Arbeitslosigkeit.

Sie ist die Versicherung zu

- Ratenkrediten,
- Festkrediten (ohne Tilgung),
- Krediten mit einer hohen Schlussrate (Ballonrate),
- Rahmenkrediten,
- Dispositionskrediten,
- Überziehungskrediten auf dem Girokonto,
- Kreditkartensalden,
- Drei-Wege-Finanzierungen der Autobanken,
- Abzahlungskäufen.

Für Immobilienfinanzierungen und Leasingverträge gibt es ebenfalls den passenden Versicherungsschutz. Anders als bei den weitgehend genormten Konsumentenkrediten handelt es sich speziell bei Immobilienfinanzierungen um langfristigere, individueller gestaltete Kredit- und Versicherungsverträge. Der Versicherungsschutz für diese Kreditformen wird ausführlich im Kapitel 3 behandelt.

Bei der Restkreditversicherung auf den Todesfall ist die vertragsgemäß noch offene Kreditschuld versichert. Besteht eine Zusatzversicherung für Arbeitsunfähigkeit und Arbeitslosigkeit, werden – nach der vertraglichen Karenzzeit – die fälligen Raten von der Versicherung übernommen.

Die unterschiedlichen Bedingungen für die Risiken Arbeitsunfähigkeit und Arbeitslosigkeit sind wichtige Kriterien, wenn sich die Bank für einen Versicherungspartner entscheidet. Das unkomplizierte Verarbeiten des Versicherungsgeschäfts und die für die Bank zu er-

1.2 Argumente für den Versicherungsschutz

wirtschaftenden Deckungsbeiträge sind weitere Pluspunkte einer Zusammenarbeit zwischen Kreditgeber und Versicherer.

1.2.2 Die Vertragspartner der RKV

Drei Interessenlagen sind bei der Restkreditversicherung unter einen Hut zu bringen, und das ist in der Praxis auch gelungen:

- Der *Kreditnehmer* reduziert mit der Restkreditversicherung sein Risiko; ein entscheidender Grund für den Abschluss ist für ihn sein Verantwortungsbewusstsein gegenüber seinen Angehörigen und gegenüber eventuellen Bürgen. Sein vorrangiges Interesse ist ein preiswerter und einfach abzuschließender Versicherungsschutz.

- Der Bank als *Kreditgeber* erlaubt die Restkreditversicherung eine positivere Beurteilung des Kreditantrags. Zwar führen nicht immer der Tod des Kreditnehmers, eine längere Krankheit oder Arbeitslosigkeit zu einem Kreditausfall, eine RKV vermeidet jedoch in vielen Fällen Zwangsmaßnahmen der Bank gegen die Familie oder Bürgen. Das Interesse der Bank ist die einfache Abwicklung des Geschäfts: Das Beantragen des Versicherungsschutzes darf nicht zu Störungen im Betriebsablauf führen.

- Für den *Versicherer* ist die Restkreditversicherung ein typisches Mengengeschäft. Das besondere Interesse des Versicherungsunternehmens gilt einer einfachen, kostengünstigen Abwicklung der Verträge. Die Versicherungsunternehmen suchen sich für dieses Geschäft institutionelle Partner. Deshalb gibt es keine Möglichkeit, eine Restkreditversicherung als Einzelperson bei einem beliebigen Versicherungsanbieter abzuschließen.

Die Restkreditversicherungen aller Kreditnehmer einer Bank verwaltet der Versicherer in einem Gruppenversicherungsvertrag. Die Daten des Kreditvertrages werden durch eine vereinfachte Antragstellung zu den Daten des Versicherungsvertrages, wodurch Überversicherungen verhindert werden. Einzelheiten zum Zusammenwirken von Bank und Versicherer regelt ein Rahmenvertrag, in dem auch die Rechte des Kreditnehmers festgeschrieben sind (siehe Kapitel 2).

1.2.3 Versicherungsbeiträge sind keine Kreditkosten

Welchen Nutzen haben Bank und Kreditnehmer von einer RKV?

Aus der Sicht der Bank ist die Restkreditversicherung keine Delkredereversicherung; die versichert nämlich nur den Kreditgeber gegen Ausfälle wegen Zahlungsunfähigkeit seines Kunden, die Schuld des Kreditnehmers bleibt bestehen; sie geht auf den Versicherer über und der versucht sie einzutreiben.

Anders bei der Restkreditversicherung: Die Leistungen der RKV reduzieren die Kreditschuld oder tilgen sie vollständig. Der Kreditnehmer, seine Familie und eventuelle Bürgen werden entlastet. Die RKV mindert so die Risiken des Bankkunden bei einer Kreditaufnahme und wirkt der immer wieder beschworenen Überschuldung entgegen; nach dem „iff-Überschuldungsreport 2007" sind häufige Überschuldungsauslöser „kritische Ereignisse" wie Arbeitslosigkeit, Krankheit, Tod des Partners und Unfall – Ereignisse, die durch eine Restkreditversicherung zu decken sind. Damit bannt die Versicherung auch das Gespenst der privaten Insolvenz des Kreditnehmers und eine daraus resultierende reduzierte Kreditwürdigkeit.

Die Behauptung, eine Restkreditversicherung erhöhe die Kreditkosten, stimmt nicht. Der Beitrag für die RKV ist das Entgelt für eine zusätzliche Dienstleistung, den Versicherungsschutz. Genauso wenig wie der Beitrag für eine Kaskoversicherung den Preis für ein Auto erhöht, genauso wenig verteuert der Beitrag für die RKV den Kredit.

Ebenfalls unzutreffend ist die Feststellung in den Medien und von Verbraucherschützern, die Bank mache eine Restkreditversicherung zur Voraussetzung für einen Kredit und verteuere ihn so unnötig. Der Rat der Bank, eine Restkreditversicherung abzuschließen, ist vor allem im Interesse des Kreditnehmers und seiner Familie.

In der Praxis hat sich gezeigt, dass ein Bankkunde, der schon einmal Leistungen aus einer Restkreditversicherung erhalten hat, bei einem neuen Kreditwunsch von sich aus wieder nach der Versicherung verlangt. Die Sicherheit, in Notsituationen nicht in Zahlungsschwierigkeiten zu kommen, ist vielen Kreditnehmern den zusätzlichen Beitrag für den Versicherungsschutz wert.

Stets entscheiden die Kreditnehmer, ob sie den Versicherungsschutz wünschen und welche Risiken sie versichern wollen:

- „Tod"
- „Tod und Arbeitsunfähigkeit"
- „Tod und Arbeitslosigkeit"
- „Tod, Arbeitsunfähigkeit und Arbeitslosigkeit".

1.2.4 Lebensversicherung statt Restkreditversicherung?

Immer wieder wird den Kreditnehmern in den Medien geraten, statt der Restkreditversicherung besser eine Risikolebensversicherung abzuschließen – ein schlechter Rat! Eine Risikolebensversicherung ist stets eine Einzel-Lebensversicherung, die besonders zu beantragen ist; ein so unkomplizierter Versicherungsabschluss wie bei einer RKV ist nicht möglich. Doch schwerwiegender ist, dass nur das Todesfallrisiko versichert wird; die Risikolebensversicherung kann zwar durch eine Berufsunfähigkeits-Zusatzversicherung ergänzt werden, doch die Berufsunfähigkeit bei einer Risikolebensversicherung und die Arbeitsunfähigkeit der Restkreditversicherung sind nicht dasselbe.

An den wirtschaftlichen Realitäten vorbei geht auch der Tipp, eine bestehende Lebensversicherung als Kreditsicherheit abzutreten: Wer einen Kreditnehmer fragt, weshalb er seine Lebensversicherung einmal abgeschlossen hat, der wird hören, dass es ihm darum ging, im Falle eines Falles die Familie vor wirtschaftlicher Bedrängnis zu bewahren. Dieses Versorgungsziel ist gefährdet, wenn die Versicherungsleistung ganz oder teilweise zum Tilgen von Kreditverpflichtungen verwendet wird.

Für eine Lebensversicherung gilt zudem das Gleiche wie für die Risikolebensversicherung: Sie ist ungeeignet, die speziellen Risiken eines Kreditnehmers abzudecken. Auch bei ihr ist bestenfalls eine Berufsunfähigkeits-Zusatzversicherung denkbar, die nicht den gleichen Schutz bietet wie die Arbeitsunfähigkeitsdeckung.

Das Risiko Arbeitslosigkeit ist in Verbindung mit einer Risikoversicherung oder einer Kapitallebensversicherung überhaupt nicht zu versichern.

1.3 Versicherbare Risiken

1.3.1 Grundsätzliches

Die Kalkulation einer Lebensversicherung basiert auf der statistischen Lebenserwartung der Bevölkerung, den Sterbetafeln. Es ist keineswegs so, dass nur vollständig gesunde Menschen eine Lebensversicherung abschließen können; Berechnungsgrundlage für die Beiträge sind die durchschnittlichen Risiken.

Die Versicherungsunternehmen müssen also darauf achten, dass die versicherten Personen diesem Durchschnitt entsprechen: Versichert sind nur solche Leistungsfälle, die beim Abschluss des Vertrages nicht schon mit Sicherheit zu erwarten waren. Deshalb fragen die Lebensversicherer im Versicherungsantrag nach dem Gesundheitszustand des Versicherten; bei hohen Versicherungssummen wird eine ärztliche Untersuchung verlangt.

Eine solche Gesundheitsprüfung würde bei der Restkreditversicherung den Abschluss verkomplizieren. Jeder einzelne Antrag müsste vom Versicherer geprüft und angenommen werden; kein Kreditnehmer könnte von Anfang an sicher sein, dass der beantragte Versicherungsschutz zu seinem Kredit besteht.

Die Anbieter der Restkreditversicherung verzichten darauf, Fragen nach dem Gesundheitszustand der zu versichernden Person zu stellen. Um zu verhindern, dass extreme Fälle ihre Kalkulation sprengen, vereinbaren sie eine Ausschlussklausel. Danach erstreckt sich der Versicherungsschutz nicht auf ernstliche Erkrankungen, die den zu versichernden Personen bekannt sind und wegen denen sie in den letzten zwölf Monaten vor dem Beginn der Versicherung ärztlich beraten oder behandelt wurden. Die Einschränkung greift nur, wenn ein Versicherungsfall innerhalb von 24 Monaten eintritt und mit diesen Krankheiten in ursächlichem Zusammenhang steht. Bei Selbsttötung gilt eine Wartezeit von zwei Jahren.

Die Ausschlussklausel gilt ebenso für die Arbeitsunfähigkeits-Zusatzversicherung.

Für die Arbeitslosigkeitsversicherung fehlen den Versicherungsunternehmen vergleichbare Statistiken und langjährige Erfahrungen. Sie stützen deshalb ihre Kalkulation weitgehend auf die von der Bundesagentur für Arbeit veröffentlichten Zahlen.

1.3.2 Todesfallversicherung

Die Restkreditversicherung ist eine modifizierte Risikolebensversicherung auf das Leben eines Kreditnehmers. Sie deckt das Todesfallrisiko in Höhe seiner Kreditschuld. Gibt es zwei Kreditnehmer zu einem Kreditvertrag und stellt das Ableben eines der Schuldner das Tilgen des Kredites infrage, bietet sich die Versicherung beider an, was oft auf einem Antragsformular beantragt werden kann.

Zu einem Ratenkredit wird ein Versicherungsschutz mit monatlich fallender Versicherungssumme vereinbart. Bei Festkrediten, die am Ende in einem Betrag getilgt werden, gilt für die gesamte Laufzeit eine gleich bleibende Versicherungssumme in Höhe der Kreditschuld. Für Kredite mit einer hohen Schlussrate wie zum Beispiel bei der Drei-Wege-Finanzierung der Autobanken gibt es eine Kombination aus beiden Elementen; zur fallenden Versicherungssumme für die monatlichen Raten tritt eine gleich bleibende Versicherungssumme in Höhe der Schlussrate hinzu.

Bei Rahmenkrediten, Dispo- und Überziehungskrediten verändert sich die Kreditschuld ständig; für diese Kreditformen bietet sich entweder die Versicherung des Kreditrahmens mit gleich bleibender Versicherungssumme oder eine Außenstands-Versicherung bzw. Kontostands-Versicherung an.

Bei einer Außenstands-Versicherung (Kontostands-Versicherung) ist der Saldo an einem in den Versicherungsbedingungen festgelegten Tag versichert; die Beiträge werden monatlich entsprechend dem aktuellen Saldo berechnet und dem Konto belastet. So sind auch die wechselnden Salden der Kreditkartenkonten zu versichern. Diese Form der Restkreditversicherung setzt voraus, dass ein elektronischer Datenaustausch zwischen der Bank und dem Versicherungsunternehmen organisiert werden kann.

Im Todesfall überweist der Versicherer die Versicherungsleistung in einem Betrag an die Bank; das ist der vertragsgemäß noch nicht getilgte Kredit. Die Bank rechnet den Kreditvertrag wie bei einer vorzeitigen Rückzahlung ab. Ein sich eventuell ergebendes Guthaben kann von den Hinterbliebenen zur Tilgung von möglicherweise rückständigen Raten genutzt werden.

1.3.3 Versicherung des Arbeitsunfähigkeitsrisikos

Die Arbeitsunfähigkeit wird durch eine Zusatzversicherung zur Restkreditversicherung gedeckt.

Arbeitsunfähigkeit liegt vor, wenn die versicherte Person infolge einer Gesundheitsstörung außerstande ist, ihre Berufstätigkeit auszuüben; dabei ist es gleichgültig, ob diese Gesundheitsstörung durch eine Krankheit verursacht wird oder die Folge eines Unfalls ist. Solange der Kreditnehmer aus gesundheitlichen Gründen arbeitsunfähig ist, übernimmt der Versicherer nach der vereinbarten Karenzzeit die vertragsgemäß noch fällig werdenden Raten aus dem Kreditvertrag.

Die Leistungsvoraussetzungen für eine Arbeitsunfähigkeit variieren in den Bedingungen der einzelnen Anbieter. Am Markt werden zum Beispiel Karenzzeiten von sechs Wochen, einem oder zwei Monaten angeboten. Es gibt auch Versicherer, bei denen die Bank als Rahmenvertragspartner zwischen unterschiedlichen Karenzzeiten wählen kann; natürlich sind bei längerer Karenzzeit die Beiträge niedriger. Eine Bank muss bei ihrer Entscheidung prüfen, welche Variante für ihre Klientel die richtige ist.

1.3.4 Versicherungsschutz bei Arbeitslosigkeit

Das Absichern von Zahlungsverspflichtungen aus Kreditverträgen für den Fall einer unverschuldeten Arbeitslosigkeit des Kreditnehmers ist erst seit relativ kurzer Zeit möglich – seit aufgrund der Dienstleistungsfreiheit innerhalb der EU auch ausländische Anbieter ihre Produkte auf dem deutschen Markt platzieren können.

Rechtlich gesehen handelt es sich nicht um eine echte Zusatzversicherung zur Restkreditversicherung, sondern um eine so genannte Schadenversicherung. Die kann von einem Lebensversicherer nicht angeboten werden; er kooperiert deshalb mit einem Sachversicherungsunternehmen – oft aus dem Konzern.

Für die praktische Abwicklung des Geschäfts ist dieser „Umweg" ohne Bedeutung. Der gesamte, vom Bankkunden gewünschte, Versicherungsschutz, wird in einem Formular beantragt und bestätigt, der Beitrag für den gesamten Versicherungsschutz wird in einem Betrag abgerechnet und der Ansprechpartner für die Arbeitslosigkeits-Versicherung ist der gleiche wie für Todesfall- und Arbeitsunfähigkeitsversicherungen. Dem aufmerksamen Leser fällt lediglich auf, dass der Name eines zweiten Versicherungsunternehmens in den Unterlagen steht und dass für die Arbeitslosigkeitsversicherung Versicherungssteuer erhoben wird.

Eine Leistungsvoraussetzung ist, dass bei Beginn der Arbeitslosigkeit für eine in den Bedingungen festgelegte Zeit ein ungekündigtes Arbeitsverhältnis in demselben Unternehmen bestand. Bei den meisten Versicherern beträgt diese Wartezeit sechs Monate. Vereinzelt wird die Arbeitslosigkeitsversicherung auch für Selbstständige angeboten; hier verlangen die Versicherungsbedingungen, dass der Versicherte mindestens 18 Monate ohne Unterbrechung denselben freien Beruf ausgeübt oder dasselbe Gewerbe betrieben hat.

Im Falle einer unverschuldeten Arbeitslosigkeit zahlt das Versicherungsunternehmen nach einer Karenzzeit die versicherten Raten; das sind im Allgemeinen die Tilgungsraten aus dem Kreditvertrag. Die Karenzzeit beträgt 3, 6 oder 9 Monate. Wie lange die Renten gezahlt werden und welche Leistungsvoraussetzungen erfüllt sein müssen, ist ebenfalls bei den einzelnen Versicherern unterschiedlich. Leistungsdauer sind normalerweise 12 oder 18 Monate. Bei wiederholter Arbeitslosigkeit während der Vertragsdauer sehen viele Anbieter weiterhin Versicherungsschutz vor.

Wegen der unterschiedlichen Bedingungen gilt für die Versicherung der Arbeitslosigkeit das Gleiche wie für die Arbeitsunfähigkeitsversicherung: Die Bedingungen sind wichtige Kriterien, wenn eine Bank den Versicherungspartner wählt.

Dass der Versicherungsschutz für den Fall einer unverschuldeten Arbeitslosigkeit auch ein Marketinginstrument sein kann, zeigt die Volkswagen Bank. Sie bietet zum Beispiel Autofinanzierungen mit einem Versicherungspaket an, das unter anderem eine „Restschuldversicherung mit kostenloser Arbeitslosigkeitsversicherung" enthält.

1.3.5 Versicherungsbeiträge

Der Beitrag ist der Preis für den Versicherungsschutz; er ist abhängig vom Versicherungsumfang und der Laufzeit der Restkreditversicherung; für die Risiken „Tod" und „Arbeitsunfähigkeit" ist bei vielen Anbietern auch das Eintrittsalter und das Geschlecht des zu versichernden Kreditnehmers ein Faktor für die Beitragsberechnung.

Für die verschiedenen Restkreditversicherungen werden entweder Einmalbeiträge, Jahresbeiträge oder Monatsbeiträge berechnet.

Der Einmalbeitrag ist Standard bei Ratenkrediten. Er wird beim Abschluss der Versicherung fällig und berücksichtigt, dass der Versicherungsschutz Monat für Monat analog der planmäßigen Tilgung sinkt. In der Regel wird der Einmalbeitrag von der Bank mitfinanziert. Für den Kreditnehmer bedeutet das: Die Versicherungskosten sind in den monatlichen Tilgungsraten enthalten.

Jahresbeiträge werden erhoben, wenn der Kreditrahmen eines Kontos, eines Abrufkredites oder einer Kreditkarte versichert wird. Berechnungsbasis ist die Versicherungssumme in Höhe des eingeräumten Kredits. Die Versicherung verlängert sich Jahr für Jahr solange die Kreditbeziehung besteht und der Vertrag nicht gekündigt wird. Die Versicherung endet immer, sobald die versicherte Person das bedingungsgemäße Höchstalter überschreitet. Der Jahresbeitrag erhöht sich bei einer Verlängerung der Versicherung, wenn die versicherte Person dann zu einer neuen Altersgruppe gehört.

Für die Außenstands-Versicherung bzw. Kontostands-Versicherung zu Lohn- und Gehaltskonten, Girokonten oder Kreditkarten ist der monatliche Saldo die Berechnungsbasis. Der sich daraus ergebende monatliche Beitrag kann demzufolge wenige Cent oder mehrere Euro betragen; wurde der Kredit nicht beansprucht, wird kein Beitrag berechnet.

Es wäre aus Kostengründen nicht zu verantworten, für die schwankenden Beitragsforderungen einzelne Rechnungen auszustellen. Die Außenstands-Versicherung (Kontostands-Versicherung) ist deshalb nur möglich, wenn der Kreditgeber technisch in der Lage ist, den monatlichen Beitrag nach den Vorgaben des Versicherers zu berechnen und dem Kreditkonto zu belasten. Der Versicherer erhält im Wege des Datenträgeraustauschs eine Zusammenfassung für alle bestehenden Versicherungen.

2. Versicherungslösung

2.1 Die aufsichtsrechtlichen Regelungen

Bei Mengengeschäften, zu denen die Restkreditversicherung wegen der hohen Zahl der jährlichen Vertragsabschlüsse zählt, ist die klare Beschreibung und verbindliche Festlegung der zwischen den Vertragsparteien getroffenen rechtlichen Vereinbarungen von besonderer Bedeutung. Dies umso mehr, als es sich hier um ein Dreiecksverhältnis handelt: Kreditnehmer, Kreditgeber, Versicherer.

Dies ist auch vom Bundesaufsichtsamt für das Versicherungswesen, BAV, stets so gesehen worden (vergleiche auch Kapitel 1.1.3.). Ausdruck gefunden haben die dazu vom BAV erlassenen Vorschriften in den so genannten „Grundsätze für die Restschuldlebensversicherung", die in den VerBAV[1] 5/85 veröffentlicht wurden. In diesen Grundsätzen sind der Restkreditversicherung klare und – aus heutiger Sicht – enge Gestaltungsvorgaben gemacht worden. Die Vorschriften bezogen sich auf Alters-, Summen- und Laufzeit-Grenzen. Für das Annahmeverfahren wurden drei Alternativen angeboten: die vereinfachte Gesundheitsprüfung, die vereinfachte Annahme mit Gesundheitsfragen und die Ausschlussklausel. Mit der Weiterentwicklung der Restkreditversicherung zu einem Mengengeschäft hat sich die Verwendung der Ausschlussklausel zunehmend durchgesetzt. Erst mit der Ausschlussklausel konnte den Kreditnehmern ein „sofortiger Versicherungsschutz" zur Verfügung gestellt werden, wodurch sich für alle Beteiligten (Kreditnehmer, Kreditgeber und Versicherer) der Abwicklungsprozess maßgeblich vereinfacht hat (vergleiche Kapitel 2.3).

Aus heutiger Sicht ist eine Restkreditversicherung mit Gesundheitsfragen nicht mehr vorstellbar, sie könnte nicht mehr wettbewerbsgerecht angeboten werden.

Die „Grundsätze" des BAV haben nicht nur Eckpunkte für die Produktgestaltung geliefert, sondern auch den rechtlichen Rahmen aufgezeigt, in dem die Restkreditversicherung stattfinden konnte. Die „Anforderungen an den Rahmenvertrag" sind hierfür maßgeblich gewesen. Drei Beispiele, die ihre Bedeutung bis heute behalten haben:

---
1 Veröffentlichungen des Bundesaufsichtsamtes für das Versicherungswesen

1. *„Der bezugsberechtigte Rahmenvertragspartner wird diejenigen Beträge, die im Versicherungsfall nach Verrechnung seiner Forderungen gegen den Versicherten übrig bleiben, dessen Konto gutbringen."*

   „Auch Überschussanteile und Rückvergütungen sind zugunsten des Versicherten oder seiner Erben zu verwenden."

   Hiermit ist die eindeutige Zweckgebundenheit von ausgezahlten Leistungen und Rückerstattungen geregelt. Die bezugsberechtigte Bank könnte also ohne Zustimmung des Versicherten sogenannte überschießende Auszahlungsbeträge aus der Restkreditversicherung nicht zum Ausgleich etwaiger weiterer Verpflichtungen des Kunden verwenden.

2. *„Ist der Rahmenvertragspartner Versicherungsnehmer, so wird er, wenn der Kredit vorzeitig erfüllt wird, auf Antrag des Versicherten das Versicherungsverhältnis kündigen."*

   Auch wenn der Rahmenvertragspartner (Bank) Versicherungsnehmer und damit rechtlich der handelnde Vertragspartner des Versicherers ist, verpflichtet er sich dazu, den Willen des Versicherten auf vertragliche Veränderungen an den Versicherer weiterzugeben.

   Dies ist eine für den Vertrauensschutz ganz wichtige Ausgestaltung, auch wenn sie in der täglichen Praxis eine Selbstverständlichkeit ist; ohne sie wäre die moderne Restkreditversicherung nicht erfolgreich.

3. *„Der Rahmenvertragspartner verpflichtet sich, dem Versicherten eine Durchschrift des Vertrages sowie ein Merkblatt über die Restkreditversicherung auszuhändigen."*

   Dies ist einer der wichtigen Vertragsbestandteile. Er regelt auf der Seite des Versicherten die gestaltenden Vertragsrechte, zu denen sich der Rahmenvertragspartner gegenüber der versicherten Person verpflichtet hat.

Die vom Versicherer angebotenen Restkreditversicherungstarife konnten in der Vergangenheit nur in Verbindung mit einem zuvor vom BAV genehmigten Geschäftsplan angeboten werden. Der einzureichende Geschäftsplan beinhaltete den nach anerkannten Methoden der Versicherungsmathematik kalkulierten Beitrag auf der Basis des beschriebenen Tarifes, der Versicherungsbedingungen und allgemeiner Vereinbarungen. Als gestaltender Rahmen waren dabei selbstverständlich die „Grundsätze für die Restschuldlebensversicherung" zu berücksichtigen. Insgesamt also ein recht dezidiert und zum Teil eng vorgegebenes Gestaltungskorsett.

2.1.1 Harmonisierung nach der 3. EU-Lebensversicherungs-Richtlinie

Am 01. Juli 1994 ist die 3. EU-Lebensversicherungs-Richtlinie in Kraft getreten. Die Richtlinie gilt seither für alle von der deutschen Aufsichtsbehörde beaufsichtigten Lebensversicherer und damit auch für die Restkreditversicherung. Die europäische Harmonisierung hat das unbestreitbar sinnvolle Ziel einer Stärkung der Verbraucherrechte und der Angleichung der Wettbewerbsbedingungen für inländische und ausländische Anbieter. In vielen Punkten ist dies auch eingetreten, andere Gestaltungsrichtlinen konnten wegen nationaler Besonderheiten/Rücksichtnahmen länderindividuell beibehalten werden.

Ein wesentlicher Punkt ist die Verbesserung der Kundeninformation bei Vertragsabschluss gewesen. Darüber hinaus ist es jetzt für die Versicherer nicht mehr notwendig, angebotene Tarife zuvor vom BAV genehmigen zu lassen. Seit 1994 ist es ausreichend, gleichzeitig mit dem Marktauftritt den Tarif dem BAV vorzulegen. Die unter Umständen vorgeschaltete langwierige Genehmigungsphase ist in einem „schneller" gewordenen Markt damit zum Vorteil der Anbieter und Kunden entfallen. Selbstverständlich müssen auch heute noch die angebotenen Tarife den aufsichtsrechtlichen Rahmenbedingungen der BaFin[2] gerecht werden.

Die BaFin wurde am 01. Mai 2002 als Nachfolgeinstitution des Bundesaufsichtsamtes für das Kreditwesen (BAKred), des Bundesaufsichtsamtes für den Wertpapierhandel (BAWe) und des Bundesaufsichtsamtes für das Versicherungswesen (BAV) gegründet. Den Verflechtungen auf den Kapitalmärkten soll damit auch bei der staatlichen Beaufsichtigung Rechnung getragen werden. Bezogen auf die Versicherungsunternehmen steht heute die Überwachung der Bedeckung des Sicherungsvermögens, der Solvabilität sowie das Einhalten der einschlägigen für den Betrieb des Versicherungsgeschäf-

---
2 Bundesanstalt für Finanzdienstleistungsaufsicht

tes geltenden Gesetze im Vordergrund. Die Erfüllbarkeit der Verpflichtungen aus Versicherungsverträgen nach dem Versicherungsaufsichtsgesetz ist dabei für die BaFin eine der wichtigsten Aufgabenstellungen. Die Rechte und Pflichten zwischen der versicherten Person und dem Versicherer regelt im Wesentlichen das Versicherungsvertragsgesetz (VVG), das zum 01. Januar 2008 novelliert wird. Die Stärkung der Rechte des Versicherungsnehmers ist dabei eines der zentralen Anliegen.

2.1.2 Grenzüberschreitende Anbieter nehmen zu

Auf der Basis der zwischen den EU-Mitgliedern geschaffenen Dienstleistungsfreiheit ist es für Versicherungsunternehmen leichter geworden, grenzüberschreitend zu agieren. Diese Erleichterungen haben auch im Restkreditversicherungsgeschäft dazu geführt, dass europäische Versicherer ihre Produkte in Deutschland anbieten. Bis heute haben ausländische Anbieter den Vorteil, dass sie Einheitsbeiträge anbieten können, die alters- und geschlechtsunabhängig sind. Nach der deutschen Aufsicht (BaFin) sind solche Tarife nicht zulässig, obwohl in einzelnen Geschäftsfeldern der Restkreditversicherung seit Jahren auch in Deutschland Einheitsbeiträge nachgefragt werden. Dies gilt insbesondere für den Bereich der Autofinanzierung und beim Leasing.

Dadurch, dass solche Tarife aus dem europäischen Ausland heraus in Deutschland angeboten werden, sind die deutschen Anbieter von Restkreditversicherungen benachteiligt und unter Druck geraten. Die aufsichtsrechtliche Harmonisierung in den EU-Mitgliedsländern ist insoweit noch nicht durchgehend erreicht. Dies hat wettbewerbsbedingt dazu geführt, dass deutsche Anbieter von Restkreditversicherungen Tochtergesellschaften im europäischen Ausland gegründet haben, um von dort aus ihren Bankpartnern in Deutschland ebenfalls Einheitsbeiträge anbieten zu können. Nicht diskutiert sei an dieser Stelle, welche Vor- oder Nachteile Einheitsbeiträge gegenüber den altersabhängig kalkulierten Beiträgen haben.

2.1.3 Rahmenverträge ordnen die Vertragsbeziehungen

Die Basis für die Zusammenarbeit zwischen dem Kreditnehmer, dem Kreditgeber und dem Versicherer ist auch heute noch der Rahmenvertrag, obwohl er aufsichtsrechtlich dem Grunde und der Form nach nicht mehr zwingend vorgegeben ist.

Die Restkreditversicherung wird aufsichtsrechtlich weiterhin zu den Kollektivversicherungen gezählt. Unabhängig davon kann die Restkreditversicherung als Einzelversicherung abgeschlossen werden oder im Rahmen von Gruppenverträgen. Bei Einzelversicherungen ist der Kreditnehmer meist auch Versicherungsnehmer; alle vertraglichen Rechte und Pflichten müssen dann umfassend und abschließend direkt zwischen dem Kreditnehmer und dem Versicherer vereinbart werden. Der Rahmenvertrag regelt zusätzlich nur noch die Agenturbeziehung zwischen der vermittelnden Bank und dem Versicherer bzw. die sich daraus ergebenden Rechte und Pflichten.

In vielen Fällen tritt heute die Bank als Versicherungsnehmer auf. In diesem Fall kommt dem Rahmenvertrag eine zusätzliche vertragsrechtliche Bedeutung zu. Die Bank hat sich danach sehr klar zu verpflichten, alle die Restkreditversicherung betreffenden vom Tarif her vorgesehenen Gestaltungswünsche des Kreditnehmers an den Versicherer weiterzugeben. Dies betrifft zum Beispiel die Anpassung der Restkreditversicherung bei einer Kreditaufstockung oder den Wunsch nach einer vorzeitigen Kündigung. Für alle Beteiligten ist wichtig, dass selbst dann, wenn die Versicherungsnehmer-Eigenschaft beim Kreditgeber liegt, die Kundeninteressen voll umfänglich gewahrt sind.

Die Entscheidung für eine solche vertragliche Ausgestaltung ergibt sich unter anderem daraus, dass die Bank ein unwiderrufliches Bezugsrecht auf die Leistungsauszahlungen aus der Restkreditversiche-rung hat; eine separate Abtretung der Leistungen ist nicht erforderlich. Dies vereinfacht die Abwicklung und spart Kosten. Zu dem ist diese Regelung stets damit verbunden, dass sich die Bank dazu verpflichtet, die Leistungen aus der Restkreditversicherung ausschließlich zur Verrechnung mit dem versicherten Konto zu verwenden. Andere Forderungen der Bank gegenüber dem Kunden dürfen durch die Leistung aus der Restkreditversicherung nicht ausgeglichen werden. Bei Leistungen aus der Arbeitsunfähigkeitsversicherung und der Arbeitslosigkeitsversicherung darf hierüber allein der Kunde bestimmen, im Todesfall allein die Erben. Das wirtschaftliche Interesse des Kreditnehmers ist also in der bestehenden Praxis selbst dann gut geregelt, wenn die Versicherungsnehmer-Eigenschaft bei der Bank liegt.

Mit mehr als 2 Millionen Vertragsabschlüssen in 2006 ist die Restkreditversicherung in Deutschland zu einem absoluten Mengengeschäft geworden. Die Nachfrage der Kreditnehmer ist ungebrochen, auch wenn die Verbraucherschutzverbände immer wieder die Meinung vertreten, dass die Restkreditversicherung überflüssig sei. Es kann nicht ignoriert werden, dass mit der Aufnahme eines Anschaffungsdarlehens automatisch ein Risiko für die vertragskonforme Rückzahlung entsteht. Dabei ist auch zu bedenken, dass eine bereits vorhandene Lebensversicherung in aller Regel zu einem anderen Zweck abgeschlossen wurde. Untersuchungen belegen, dass gerade die unvorhergesehenen Ereignisse Arbeitslosigkeit und Trennung/Scheidung sowie Krankheit/Unfall und Tod die Auslöser für die Überschuldung der privaten Haushalte sind (iff-Überschuldungsreport 2007). Mit der Restkreditversicherung können diese Gefahren zwar nicht vermieden, aber doch ihren finanziellen Folgen bedarfsgerecht vorgebeugt werden. Dies als direkte Konsequenz aus den Ergebnissen des iff-Überschuldungsreports 2007 auch zu tun gilt um so mehr, wenn trotz knapper Bonität auf die Kreditaufnahme und insofern den Zugriff auf zukünftiges Einkommen nicht verzichtet werden kann.

2.2 Rationelle und serviceorientierte Produktabwicklung

Behandelt wird in diesem Kapitel die Geschäftsabwicklung bei Restkreditversicherungen: von der Beratung über den Vertragsabschluss und Vertragsänderungen bis zum Leistungsfall. Diese Prozesskette läuft heute in aller Regel bei umfassender elektronischer Unterstützung ab. Die dadurch erreichte hohe Abwicklungsgeschwindigkeit führt zu Kostenvorteilen und Skaleneffekten.

2.2.1 Beratung, Vertragsabschluss und Beitragsinkasso

Ein wichtiges Element in der Zusammenarbeit zwischen Bank und Versicherer ist die technische Verkaufsunterstützung am Point of Sale. Die dort eingesetzte Software wird seitens des Versicherers auf die individuellen Wünsche und Bedürfnisse der vermittelnden Bank und ihre Produkte zugeschnitten.

Diese Berechnungsmodule kommen auf Finanzierungsrechnern, PC-Programmen oder Großrechnern zum Einsatz. Als Ideallösung kann die web-basierte Online-Verbindung zwischen Bank und Versicherer angesehen werden, über die einerseits im Direktzugriff Berechnungswerte beim Versicherer abgerufen und andererseits die Daten abgeschlossener Verträge ohne Zwischenspeicher an den Versicherer weitergeleitet werden können.

Komfortable Unterstützungsprogramme beinhalten nicht nur das Versicherungsangebot im Kreditberatungsprogramm, sondern unterstützen neben der Datenerfassung und -verarbeitung auch den Ausdruck des Vertragsformulars, des Merkblattes bzw. der Versicherungsbedingungen.

Wichtig für die Restkreditversicherung ist, dass sie sich möglichst nahtlos in die ablauforganisatorischen Prozesse des Bankkredites einfügt. Die Tarife der Restkreditversicherung sind deshalb mit dem Kreditberatungsprogramm direkt verbunden. Dies ist außerdem die Voraussetzung dafür, dass der Versicherungsbeitrag für die Restkreditversicherung durch den Kredit mitfinanziert werden kann, was dem naheliegenden Wunsch des Kreditkunden entspricht und die Abwicklung vereinfacht. Sofern der Kunde jedoch den Einmalbeitrag für die Restkreditversicherung separat zahlen möchte, wird die kreditgebende Bank auch dies dem Kunden ermöglichen.

Beratung des Kunden

Im Vordergrund steht für den Kunden, der die Bank aufsucht, die Aufnahme eines Kredites zur Überbrückung eines vorübergehenden finanziellen Engpasses. Aus diesem Vorgriff des Kunden auf zukünftiges Einkommen ergeben sich Risiken, die durch den Abschluss einer Restkreditversicherung abgedeckt werden können. Die individuelle Einschätzung der Risiken kann dabei sehr unterschiedlich ausfallen. Neben den objektiv gegebenen Risiken ist letztlich jedoch die subjektive Risikobewertung durch den Kreditnehmer selbst ausschlaggebend.

Das R+V-Infocenter führt jährlich eine repräsentative Befragung durch, die sich nach den „Ängsten der Deutschen" erkundigt. Daraus ergibt sich eine sehr interessante Gesamtschau der aktuellen Befindlichkeiten. Die Sorge um eine Verschlechterung der eigenen finanziellen Situation rückt zunehmend in den Vordergrund. Die Risiken Arbeitslosigkeit, Krankheit/Pflegefall rangieren an oberer Stelle.

Abbildung 2.1: Die Ängste der Deutschen 2006

Das Ziel der Kundenberatung ist es, den individuellen Absicherungsbedarf in Erfahrung zu bringen und den dazu passenden Tarif der Restkreditversicherung auszuwählen. Der Berater in der Bank sollte auch danach fragen, ob bereits bestehende Versicherungen den erforderlichen Versicherungsschutz sicherstellen können. Hierbei ist jedoch zu berücksichtigen, dass zum Beispiel eine bereits abgeschlossene Lebensversicherung zu einem anderen Zweck abgeschlossen wurde. Die individuelle bzw. familiäre Situation des Kreditkunden sollte der zentrale Bewertungsmaßstab dafür sein, ob und wenn ja, welche Form der Restkreditversicherung auszuwählen ist.

Mit der EU-Versicherungsvermittler-Richtlinie, die am 22. Mai 2007 für Deutschland in Kraft getreten ist, hat dieser Beratungsprozess auch eine gesetzliche Struktur bekommen. Diese Richtlinie schreibt vor, dass das mit dem Kunden als Versicherungsnehmer geführte Beratungsgespräch in einem Beratungsprotokoll zu dokumentieren ist. Das Protokoll ist vom Kunden und vom Vermittler zu unterschreiben. Es dient als Dokument für den Inhalt der Beratung und insofern gegebenenfalls auch als Beleg für den kundenseitigen Verzicht auf Abschluss einer Restkreditversicherung.

Beratung des Kunden heißt aber auch, dem Kunden die möglichen Risiken für eine geregelte Rückführung des aufgenommenen Kredites aufzuzeigen. Dies gilt vor allem für die statistisch im Vordergrund stehenden Risiken: Arbeitsunfähigkeit und Arbeitslosigkeit. Nicht immer ist den Kunden bewusst, dass sein verfügbares Einkommen nach der Lohnfortzahlung um etwa 25 % sinkt und sich bei Arbeitslosigkeit um ein Drittel reduzieren kann (Richtwerte, die je nach der individuellen Situation variieren – bei Arbeitslosigkeit insbesondere nach „ledig" und „verheiratet").

Vertragsabschluss

Komfortable Beratungsprogramme sind so ausgestattet, dass der Neuvertrag maschinell mit allen notwendigen Daten der Restkreditversicherung bedruckt werden kann. Dies gilt auch für kombinierte Formulare, in denen – bei klarer vertragsrechtlicher Trennung – die Kreditdaten und die Daten für die Restkreditversicherung in einem Formular zusammengeführt werden. Diese Verfahrensweise bietet sich auch deswegen an, weil sich bei Konsumentenkrediten die Daten für die Restkreditversicherung aus den Kreditdaten ergeben.

Konsumentenkredite werden monatlich regelmäßig vom Kunden zurückgeführt. Dem entsprechend wird eine Restkreditversicherung mit fallender Versicherungssumme abgeschlossen. Die Anfangs-Versicherungssumme ist so zu bestimmen, dass sich im Leistungsfall ein Auszahlungsbetrag ergibt, der mit der vereinbarten Rückzahlungsrate übereinstimmt. Die Anfangs-Versicherungssumme sollte deshalb der Summe der Rückzahlungsraten entsprechen.

Lediglich die Unterschriften der vertragsschließenden Parteien sind zu ergänzen. Mit der Unterschrift des Kunden bestätigt dieser, dass er alle erforderlichen vertragsrelevanten Unterlagen ausgehändigt bekommen hat. Neben dem Vertragsformular sind das im Wesentlichen das Merkblatt für die Restkreditversicherung, die Allgemeinen Versicherungsbedingungen sowie das Merkblatt zur Datenverarbeitung.

Die Datenweiterleitung an den Versicherer erfolgt heute ganz überwiegend in elektronischer Form. Nur in wenigen Fällen werden noch Vertragskopien ausgetauscht. Der komfortabelste Weg ist die web-basierte Online-Verbindung zwischen Bank und Versicherer. Voraussetzung sind bestehende Datenleitungen. Diese Leitungen können arbeitstäglich oder periodisch (monatlich) genutzt werden. Neben den bereits genannten Vorteilen kommt hinzu, dass keine manuellen Eingriffe notwendig sind. Alle erforderlichen tariflichen und technischen Plausibilitäten können zweckmäßigerweise bei der abgebenden Stelle (Bank) hinterlegt werden, wodurch nachträglicher Fehlerbereinigung kostensparend und sinnvoll vorgebeugt werden kann.

Üblich ist es, dass die an den Versicherer gemeldeten Vertragsabschlüsse einmal pro Monat mit der Bank abgerechnet werden. Die Beiträge für die Restkreditversicherung werden dabei im Allgemeinen mit den Vergütungen für die vermittelnde Bank saldiert. Die Differenz wird in einem Betrag entweder bankseitig an den Versicherer überwiesen oder vom Versicherer bei der Bank per Lastschrift eingezogen.

2.2.2 Vertragsänderungen

Die durchschnittliche Laufzeit bei Restkreditversicherungen liegt heute zwischen 5 und 7 Jahren. Insofern können auch Restkreditversicherungen von Änderungen während der Laufzeit des Vertrages betroffen sein. Hierbei ist zu unterscheiden zwischen Vertragsänderungen mit direkter Auswirkung auf die Restkreditversicherung und solchen, wie zum Beispiel Adressänderungen, die auf den Versicherungsschutz keine Auswirkungen haben.

Rücktritt vom Vertrag und Nichteinlösung

Der Kunde hat nach § 8 VVG[3] das Recht, innerhalb von 30 Tagen nach Vertragsabschluss vom Vertrag zurückzutreten. Die bestehende Restkreditversicherung wird rückwirkend ab Beginn aufgehoben und dem Kunden der Einmalbeitrag in voller Höhe erstattet. Widerruft der Kunde den Kreditvertrag, bedeutet dies auch den Widerruf der Restkreditversicherung.

---

3 Versicherungsvertragsgesetz (01. Januar 2008)

Von Nichteinlösung spricht man dann, wenn der Kreditvertrag nach Ablauf des Rücktrittsrechts nachträglich aufgehoben wird, weil zum Beispiel der gewünschte Gebrauchtwagen nicht mehr zur Verfügung stand. Kreditvertrag und Restkreditversicherung werden rückwirkend aufgehoben. Üblicherweise gestehen die Versicherungen hierfür einen Zeitraum von 3 Monaten zu.

Aufstockungen

Ein zusätzlicher Finanzierungsbedarf des Kunden wird in der Regel durch einen neuen, erhöhten Ratenkredit abgedeckt. In Abhängigkeit von der versicherten Kundenklientel kann dieser Fall bei etwa 20 bis 40 % der abgeschlossenen Restkreditversicherungen eintreten. Die bestehende Restkreditversicherung wird storniert und der nicht verbrauchte Teil des Einmalbeitrages wird dem Kunden erstattet. Für die neue Restkreditversicherung wird ein neuer Vertrag unter Berücksichtigung der neuen Kreditdaten abgeschlossen.

Die Auflösung des Altvertrages erfolgt ohne Verlust für den Kunden, da der noch nicht verbrauchte Einmalbeitrag ohne Abzug erstattet wird. Dies schließt ein, dass auch die Bank die anteilige Vergütung zurückzuzahlen hat. Im 2. Schritt wird eine neue Restkreditversicherung in Höhe des neuen Gesamtkreditbetrages abgeschlossen. Hierbei steht es dem Kunden frei, die Restkreditversicherung in gleicher oder veränderter Form abzuschließen – ein Tarifwechsel ist möglich.

In der Bestandsführung ist darauf zu achten, dass eine technische Verbindung zwischen Alt- und Neuvertrag erhalten bleibt, mindestens bis zu dem ursprünglich vorgesehenen Ablaufdatum des Altvertrages.

Denn es gilt, dass der Kunde bei einer Aufstockung so zu stellen ist, als wenn der Altvertrag wie ursprünglich geplant zu Ende gelaufen wäre, Kettenvertragsregelung. Das heißt, dass die Gesundheitsverhältnisse zum Zeitpunkt des Abschlusses des Altvertrages in die Leistungsprüfung aus dem Neuvertrag einfließen können, soweit der Leistungsfall innerhalb der Laufzeit des Altvertrages eingetreten ist. Die nachfolgende Graphik verdeutlicht diese Vertragskonstellation.

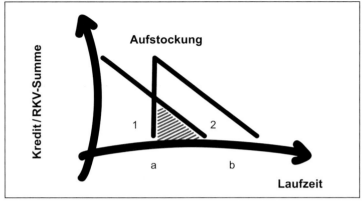

Abbildung 2.2: RKV bei Kreditaufstockung

Kreditrahmenversicherung

Die Kreditrahmenversicherung sichert den dem Kunden eingeräumten Dispo-Rahmen ab. Bei vielen Banken berechnet sich dieser als das Zwei- oder Dreifache des monatlichen Nettoeinkommens. Die Kreditrahmenversicherung ist insbesondere dann zu empfehlen, wenn das Girokonto über längere Zeit im deutlichen Minus steht oder der Dispo-Kredit bewusst zur Überbrückung eines vorübergehenden Finanzierungsbedarfs genutzt wird.

Ein Lohn- und Gehaltskonto ist in aller Regel das zentrale Verrechnungskonto eines Privatkunden. Über dieses Konto laufen die monatlichen Daueraufträge, die Einzugsermächtigungen und die Abrechnung der Kreditkarte. Da sich die Versicherungssumme an dem Dispo-*Rahmen* orientiert und nicht nur an der bei Eintritt des Versicherungsfalles tatsächlich vorhandenen Überziehung, sind bei der Kreditrahmenversicherung auch *nachlaufende* Abbuchungen oder Lastschriften mitversichert. Das bedeutet, dass sich die Höhe der Versicherungsleistung nicht aus der aktuellen Überziehung ergibt, sondern aus der vereinbarten Versicherungssumme – gleich Höhe des eingeräumten Dispo-Kredites. Damit kann die Kreditrahmenversicherung auch zur Absicherung der laufenden Lebenshaltungskosten eingesetzt werden (vergl. hierzu Kapitel 5 Payment Protection).

Versichert werden können die Risiken Tod, Arbeitsunfähigkeit und Arbeitslosigkeit. Es werden Jahresbeiträge erhoben, wobei die Versicherungssumme auch unterjährig an eine verändertc Dispo-Linie angepasst werden kann.

Im Todesfall wird, siehe oben, die vereinbarte Versicherungssumme ausgezahlt. Bei Arbeitsunfähigkeit und bei Arbeitslosigkeit kann die monatliche Leistungsrate nicht wie bei Ratenkrediten – da hier nicht vereinbart – aus einer monatlichen Rückzahlungsrate abgeleitet werden. Die monatliche Leistungsrate ist deshalb im Rahmen der Produktkalkulation vom Versicherer festzulegen. Marktüblich sind Kreditrahmenversicherungen, bei denen die monatliche Leistung bei Arbeitsunfähigkeit und Arbeitslosigkeit 4 % oder 5 % der Versicherungssumme, des Kreditrahmens, beträgt.

Die Kreditrahmenversicherung erfordert, anders als die Außenstands-/Kontostands-Versicherung, eine einzelvertragliche Bestandsführung beim Versicherer. Die Meldung der Vertragsabschlüsse sowie der Vertragsänderungen seitens der Bank an den Versicherer sollte auch als Kostengründen per Datenleitung möglich sein.

Vertragskündigung

Bei vorzeitiger Rückzahlung des Kredites kann auf Wunsch des Kunden die Restkreditversicherung gekündigt und damit vorzeitig beendet werden. In der Regel kann die Kündigung der Restkreditversicherung unabhängig vom Kredit vorgenommen werden. Bei der Außenstands-/Kontostands-Versicherung und bei der Kreditrahmenversicherung ist es dagegen wegen der kurz-periodischen Beitragszahlung zweckmäßig, dass die Verträge nur zum jeweiligen Verlängerungstermin beendet werden können.

Hat der Kunde die Restkreditversicherung gekündigt, wird ihm der noch nicht verbrauchte Beitrag erstattet. Hierbei ist aus Kundensicht zu berücksichtigen, dass sich der gezahlte Einmalbeitrag wegen der fallenden Versicherungssumme nicht linear „verbraucht".

Der Grund, warum sich der gezahlte Einmalbeitrag nicht linear zur Laufzeit des Vertrages verbraucht, ergibt sich aus der Tatsache, dass die Restkreditversicherung – in Kongruenz zum Kreditverlauf – mit einer fallenden Versicherungssumme ausgestattet ist. Das vom Versicherer getragene Risiko ist damit zu Beginn der Vertragslaufzeit am höchsten und fällt bis zum Zeitpunkt der Vertragsbeendigung bis auf Null. Insofern kann der Erstattungsbetrag aus dem gezahlten Einmalbeitrag bei Kündigung nicht einfach nach bereits erfüllten bzw. noch offen Zeitanteilen der ursprünglichen Vertragslaufzeit berechnet werden.

Im Einvernehmen mit dem Kunden kann die Restkreditversicherung auch über eine Kreditkündigung hinaus bis zum vereinbarten Ablauftermin aufrechterhalten werden. Dies bietet sich insbesondere bei kürzeren Restlaufzeiten an, oder dann, wenn der Kunde aus anderen aktuellen Gründen den Versicherungsschutz aufrechterhalten möchte. Die zugesagte Versicherungsleistung ändert sich dadurch nicht.

2.2.3 In der Leistung zeigt sich die Produktqualität

Durch den Abschluss einer Restkreditversicherung wird gewährleistet, dass der Kunde seine eingegangene Zahlungsverpflichtung auch nach unvorhergesehenem Wechselfall erfüllen kann. Einen lückenlosen Vollkasko-Versicherungsschutz kann es dabei jedoch nicht geben, auch wenn sich das Tarifspektrum bzw. die Deckungskonzepte bei Restkreditversicherungen in den letzten Jahren deutlich verbessert haben.

So hat die Restkreditversicherung sich in ihrem Angebot bis zum Ende der 1990er Jahre auf die biometrischen Risiken Tod und Arbeitsunfähigkeit durch Krankheit oder Unfall beschränkt. Erst danach ist die Absicherung für den Fall der Arbeitslosigkeit als eine Schadenversicherung hinzugekommen. Seit dem Jahr 2005 hat zusätzlich die Ausweitung des Versicherungsschutzes auf das Risiko Scheidung auf dem deutschen Restkreditversicherungsmarkt begonnen. Zunächst bei der Restkreditversicherung in Verbindung mit Wohnungsbaufinanzierungen – die Ausweitung auf den Bereich der Konsumentenkredite steht bevor.

Auf der Suche nach Alleinstellungsmerkmalen und unter dem ausgeprägten Wettbewerbsdruck der in Deutschland anbietenden Restkreditversicherer haben sich zunehmend differenzierte Produktansätze mit sehr unterschiedlich ausgeprägter Leistungsseite herausgebildet. Beitragsvergleiche im Sinne von Leistungsvergleichen werden dadurch deutlich erschwert. Angebotsvergleiche sollten deshalb nur als Preis-Leistungs-Vergleiche vorgenommen werden.

Der Leistungsantrag gegenüber dem Versicherer wird entweder von der Bank oder vom Kunden beziehungsweise dessen Erben gestellt. Soweit die Leistungsvoraussetzungen erfüllt sind, wird die Auszahlung angewiesen. Unwiderruflich bezugsberechtigt für alle Leistungen einschließlich etwaiger Überschussanteile ist die kreditgebende Bank – und zwar in der Weise, dass die Auszahlung zugunsten des Kreditkontos erfolgt. Eine Abtretung der Leistung an die Bank ist nicht erforderlich. Überschießende Beträge, die nicht zum Ausgleich des Kreditkontos gebraucht werden, stehen dem Kreditnehmer beziehungsweise seinen Erben zu.

Todesfallleistung

Die Restkreditversicherung bei Konsumentenkrediten ist zunächst eine Todesfallversicherung. In Verbindung mit der vereinbarten Ausschlussklausel kann der Regulierungsfall mit nur wenigen einzureichenden Unterlagen in der Regel schnell und abschließend durchgeführt werden. Als Nachweis sind meist eine Kopie des Versicherungsvertrages, die amtliche Sterbeurkunde mit Geburtsort und ein ärztliches oder amtliches Zeugnis über die Todesursache ausreichend. Mit der Todesfallleistung, die – entsprechend der vereinbarten Bezugsrechtsregelung – an den Kreditgeber ausgezahlt wird, wird der offene Kreditsaldo abgelöst. Die Familie bzw. die Erben des Kreditnehmers sind damit von weiteren Verpflichtungen aus dem aufgenommenen Kredit freigestellt. Soweit die Versicherungsleistung den noch nicht getilgten Kredit übersteigt, haben hierüber allein die Erben das Verfügungsrecht.

Leistungen aus der Arbeitsunfähigkeitsversicherung

In aller Regel wird dem Kunden bereits beim Vertragsabschluss ein Formular „Nachweis über Arbeitsunfähigkeit" ausgehändigt. Wegen der in Deutschland gesetzlich vorgeschriebenen Lohnfortzahlung über mindestens 6 Wochen, hat es sich bewährt, die Karenzzeit bei der Arbeitsunfähigkeitsversicherung auf 6 Wochen festzulegen. Dauert die Arbeitsunfähigkeit länger als 6 Wochen an, reicht der Kunde das vom behandelnden Arzt ausgefüllte Formular beim Versicherer ein. Die in dem Nachweis über Arbeitsunfähigkeit vom Arzt beantworteten Fragen sind so angelegt, dass in den allermeisten Fällen – ohne weitere Rückfragen – eine abschließende Leistungsentscheidung auf der Basis der vereinbarten Ausschlussklausel getroffen werden kann. Vgl. auch Seite 47 f.

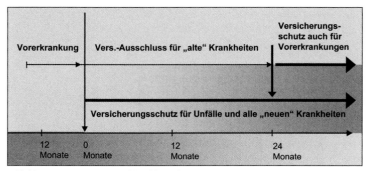

Abbildung 2.3: RKV-Ausschlussklausel

Sind die Fragen zur Arbeitsunfähigkeit nicht eindeutig beantwortet, oder ist bei mehreren Diagnosen unklar, welche „im Vordergrund" steht, kann es zu Rückfragen beim behandelnden Arzt oder einem vorbehandelnden Arzt kommen. Dies verlängert den Prozess der Leistungsprüfung, ist jedoch unerlässlich, um eine an der Ausschlussklausel orientierte eindeutige Leistungsentscheidung treffen zu können.

Wenn die Arbeitsunfähigkeit eintritt und der Restkreditversicherungsvertrag bereits länger als zwei Jahre bestanden hat, dann kann die Versicherungsleistung in aller Regel direkt ausgezahlt werden, soweit keine allgemeinen Leistungsausschlüsse der AVB[4] dagegen sprechen. AVB-Leistungsausschlüsse gelten nicht nur für die zweijährige Wirkungsdauer der Ausschlussklausel, sondern über die gesamte Vertragslaufzeit. Verbreitet sind zum Beispiel Leistungsausschlüsse für den Fall, dass die vorliegende Arbeitsunfähigkeit auf eine Straftat oder auf Drogen-, Medikamenten- oder Alkoholmissbrauch zurückzuführen ist.

---

4 Allgemeine Versicherungsbedingungen

„Arbeitsunfähigkeit wegen Krankheit oder Unfall liegt vor, wenn die versicherte Person infolge ernstlicher Erkrankungen, die ärztlich nachzuweisen sind, außerstande ist, ihre bisherige oder eine andere Tätigkeit auszuüben, die aufgrund ihrer Kenntnisse und Fähigkeiten ausgeübt werden kann und ihrer bisherigen Lebensstellung entspricht."

So eine typische Definition des Begriffs „Arbeitsunfähigkeit"; die Bedingungen der Versicherer sind jedoch auch in diesem Punkt nicht einheitlich formuliert.

Ist die Versicherungsleistung anerkannt, erfolgt die Auszahlung der Leistungsrate im monatlichen Rhythmus. Die Höhe der Leistungsrate errechnet sich durch Teilung der Anfangs-Versicherungssumme durch die Versicherungsdauer in Monaten. Besteht die Arbeitsunfähigkeit fort, reicht der Kunde monatlich eine *Folgebescheinigung* beim Versicherer ein. Die Leistung endet mit dem Ablauf des Versicherungsvertrages, soweit die Versicherungsbedingungen keine andere Regelung vorsehen. Abweichende Regelungen können zum Beispiel darin bestehen, dass die Leistung aus der Arbeitsunfähigkeitsversicherung endet, sobald eine Erwerbsunfähigkeit diagnostiziert wird.

Wird dem Kunden jedoch eine Erwerbsunfähigkeit in Verbindung mit einem unbefristeten Rentenbescheid attestiert, besteht für den Versicherer in Abstimmung mit dem Kunden und der Bank die Möglichkeit einer abschließenden Leistung aus der Arbeitsunfähigkeitsversicherung. Die noch ausstehenden Raten werden dann in einer Summe an die Bank zur Ablösung des offenen Kreditsaldos ausgezahlt, weil abschließend klar ist, dass die vorliegende „Arbeitsunfähigkeit" bis zum Ablauf der Restkreditversicherung bestehen bleiben wird. Der Kunde ist damit von allen weiteren Ratenverpflichtungen befreit und kann über zusätzliche Liquidität – in Höhe der nun nicht mehr fälligen Kreditraten – verfügen. Auch wenn diese Situation in der Praxis nur vereinzelt auftreten wird, ist dies aus Kundensicht eine wünschenswerte Vorgehensweise. Sie basiert auf dem dread-disease-Gedanken, nachdem bei kapitalbildenden Lebensversicherungen Leistungen bereits vor dem vereinbarten Ablauftermin zur Auszahlung kommen können.

In Kapitel 2.2.2 ist in Verbindung mit Kreditaufstockungen bereits auf die Kettenvertragsregelung hingewiesen worden. Sie stellt sicher, dass die zweijährige Wirkungsfrist der Ausschlussklausel immer nur für den Erhöhungsteil innerhalb der Versicherungssumme zum Tragen kommt – der Kunde also bei einer „aufgestockten" Restkreditversicherung nicht benachteiligt wird. So kann es Fälle geben, in denen der Kunde nicht aus der aktuell bestehenden Restkreditversicherung eine Leistung erhält, sondern aus dem Vorvertrag. Der Kunde wird dadurch so gestellt, als wenn der ursprüngliche Vertrag unverändert fortbestanden hätte.

Leistungen aus der Arbeitslosigkeitsversicherung

Wird vom Kunden eine Restkreditversicherung mit Arbeitslosigkeitsversicherung abgeschlossen, wird ihm beim Vertragsabschluss ein „Nachweis über Arbeitslosigkeit" ausgehändigt. Die angebotenen Tarife sehen meist eine Wartezeit von 2 bis 6 Monaten ab Vertragsbeginn vor, in der noch kein Versicherungsschutz besteht. Der Gefahr des subjektiven Risikos soll damit aus Sicht des Versicherers vorgebeugt werden.

Die Karenzzeit, die einer Leistung aus der Arbeitslosigkeitsversicherung vorausgehen muss, beträgt bei den meisten Anbietern 3 bis 6 Monate. Besteht die Arbeitslosigkeit darüber hinaus, übernimmt der Versicherer die Rückzahlung der vereinbarten Kreditraten. Der Leistungsumfang ist in der Regel auf 12 bis 24 monatliche Raten begrenzt. Hiermit wird deutlich, dass die Arbeitslosigkeitsversicherung als eine Überbrückungsversicherung anzusehen ist. Längere Leistungsdauern würden den Beitrag deutlich erhöhen, wodurch die Arbeitslosigkeitsversicherung für den Kunden vom Preis her unattraktiv werden würde.

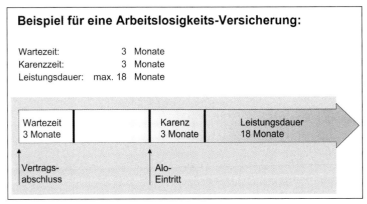

Abbildung 2.4: Arbeitslosigkeitsversicherung

Eine bedingungsgemäß versicherte Arbeitslosigkeit liegt in aller Regel dann vor, wenn das Arbeitsverhältnis aus dringenden betrieblichen Erfordernissen, einschließlich des eventuell daraus resultierenden gerichtlichen Vergleichs oder Aufhebungsvertrags, zur Abwendung einer Kündigung beendet wurde. Übertragen auf die Arbeitslosigkeitsversicherung für Selbstständige heißt das: „…, wenn die versicherte Person *ihre selbstständige Tätigkeit* aus wirtschaftlichen Gründen aufgibt, bei der Bundesagentur für Arbeit als arbeitslos gemeldet ist und sich aktiv um Arbeit bemüht."

Als Nachweis der eingetretenen Arbeitslosigkeit hat der Kunde das Schreiben des Arbeitgebers über eine betriebsbedingte Kündigung beim Versicherer einzureichen. Der Kunde muss als *arbeitslos* bei der Arbeitsagentur gemeldet sein und darf keiner anderen Erwerbstätigkeit nachgehen. Mit dem Status arbeitslos ist nach der offiziellen Definition der Arbeitsagenturen verbunden, dass der Kunde auch arbeitssuchend ist und insofern dem Arbeitsmarkt zur Verfügung steht. Bei Selbstständigen ist die Aufgabe der Selbstständigkeit nachzuweisen. Auch der Selbstständige muss sich bei der Arbeitsagentur als arbeitslos gemeldet haben, ohne dass er einer anderen Erwerbstätigkeit nachgeht. Leistungen aus der Arbeitslosigkeitsversicherung sind nach dem Sozialgesetzbuch II § 11 in Verbindung mit § 19 nicht als Einkommen zur Bestreitung des Lebensunterhaltes anzusehen. Diese Feststellung ist wichtig, damit die Versicherungsleistung seitens des Sozialamtes nicht mit den Leistungen aus ALG I oder ALG II verrechnet wird. Diese Auffassung wird auch dadurch untermauert, dass das Bezugsrecht für Leistungen aus der Arbeitslosigkeitsversicherung ebenfalls bei der kreditgebenden Bank zur Verrechnung mit dem versicherten Konto liegt. Zur freien Verfügung stehen die Leistungen aus der Arbeitslosigkeitsversicherung dem Kunden damit nicht – sie werden direkt seinem Kreditkonto gutgeschrieben.

Leistungen bei Scheidung

Eine noch junge Tarifkomponente innerhalb der Restkreditversicherung ist die Absicherung des Scheidungsrisikos. Zurückzuführen ist dieser Ansatz auf die Tatsache, dass nach der Statistik „Trennung/Scheidung" – nach der Arbeitslosigkeit – als der zweithäufigste Grund für Kreditausfälle in privaten Haushalten zu nennen ist.

Es wurde bereits darauf hingewiesen, dass das Scheidungsrisiko bei Restkreditversicherungen in Verbindung mit Wohnungsbaudarlehen bereits Eingang gefunden hat. Die kalkulatorische Einschätzung des Scheidungsrisikos findet für den Versicherer allerdings auf noch nicht gesicherter Datenbasis statt. Die bisher bekannten Deckungskonzepte sind entsprechend vorsichtig angelegt. Vielfach gilt der bedingungsgemäße Leistungsfall erst dann als eingetreten, wenn die finanzierte Immobilie wegen Scheidung verkauft werden muss *und* der Verkaufspreis zu einem bestimmten Prozentsatz unter dem Einkaufspreis liegt. Die Versicherungsleistung kann dann in einem einmaligen, aber in der Höhe auf zum Beispiel 10.000 Euro oder 15.000 Euro begrenzten Auszahlungsbetrag liegen.

Bei Konsumentenkrediten könnte das Scheidungsrisiko mit der Arbeitslosigkeitsversicherung verbunden werden. Die Versicherungsleistung sollte auf der Basis der versicherten monatlichen Kreditraten gestaltet sein. Auch hier werden die Marktmechanismen unterschiedliche Angebotskonzepte hervorbringen. Eine Nachfrage nach dieser Produktkomponente ist gegeben. Welche Ausgestaltungsform sich dabei durchsetzen wird, kann heute noch nicht gesagt werden.

2.3 Hilfreiche Technik erleichtert und beschleunigt den Prozess

Bereits seit einigen Jahren haben sich für die Restkreditversicherung schlanke und damit schnelle Abwicklungsprozesse herausgebildet. Einerseits besteht die Anforderung, dass die Restkreditversicherung als fakultatives Koppelprodukt eng und direkt mit den Abläufen beim Kredit verbunden sein muss. Andererseits ist darauf zu achten, dass die Restkreditversicherung als vertragsrechtlich eigenständiges Produkt für den Kunden erkennbar bleibt.

Der wünschenswerte Effekt aus einer technisch unterstützten Prozesskette sind die schnellen, fehlerfreien und kostengünstigen Durchlaufzeiten. Technische Unterstützung wird damit zur Voraussetzung für Kundenzufriedenheit – vor allem der Bankpartner. Wenn die Leistungsbearbeitung früher mindestens 10 Arbeitstage beanspruchte, werden dafür heute nur noch 3 Arbeitstage benötigt. Nach der Definition, dass Service immer etwas „mehr" ist als der Kunde erwartet, ist der „Service" von gestern der Standard von heute. Die Möglichkeiten der technischen Unterstützung sind dafür Basis und Innovationsquelle zugleich.

Kombinierte Kredit- und Versicherungs-Verträge

Formulare werden heute möglichst elektronisch erzeugt. Die in der Beratungsphase eingegebenen Daten werden automatisch in den Formulardruck übernommen. Für die Restkreditversicherung sind dies nur wenige zusätzliche Werte, da die Adressdaten kreditseitig bereits erhoben wurden und sich die Versicherungssumme und die Laufzeit aus den Vertragsdaten des Kredites ergeben.

Beide Verträge können in einem Formular zusammengeführt und mit nur einer Unterschrift des Kunden abgeschlossen werden. Sorgfältig beachtet werden muss jedoch die klare drucktechnische Trennung des Kreditvertrages vom Restkreditversicherungsvertrag.

Elektronisch erzeugte Formulare haben neben der nicht erforderlichen Druckstückbevorratung den Vorteil, dass sehr schnell und gegebenenfalls auch kurzfristig Formularänderungen durchgeführt werden können. Gesetzesänderungen werden mit zunehmend knapperem Vorlauf verkündet und Übergangsfristen werden nur noch selten eingeräumt. Technisch unterstützte Prozesse bei der Restkreditversicherung helfen die fristgerechte und rechtssichere Einführung von Gesetzesänderungen sicherzustellen. Dies gilt sowohl für die Prozesse bei der vermittelnden Bank als auch für die Bestandsführung beim Versicherer. Der Grad und die Qualität der technischen Prozessunterstützung sind auch bei der Restkreditversicherung mehr und mehr zu dem zentralen Wettbewerbskriterium geworden.

3. Zum Vertrieb der Restkreditversicherung

Der Vertrieb der Restkreditversicherung ist klassischerweise eng an die Vergabe von Krediten an Privatpersonen geknüpft, so dass der Erfolg der Restkreditversicherung stark vom Kreditvolumen beeinflusst wird.

In den Jahren des Wiederaufbaus nahm die Bedeutung des Kreditgeschäftes mit privaten Kunden zu. Die Kreditinstitute gewährten Kredite für die Anschaffung von langlebigen Wirtschaftsgütern, die Konsumentenkredite, die mit einer festen Ratenvereinbarung innerhalb von höchstens 72 Monaten zu tilgen waren. Die Kredite waren im Wesentlichen auf die Gehaltseingänge der Kunden abgestellt, neben einer Gehaltsabtretung wurde insbesondere bei Autos eine Sicherungsübereignung des Kaufgegenstandes vereinbart. Anfang der 60er Jahre kam mit der Restkreditversicherung ein neues Absicherungsmodell hinzu.

50 Jahre später ist der Ratenkredit populärer denn je. Rund 130 Milliarden Euro wurden im Jahr 2006 in Deutschland an wirtschaftlich unselbstständige und sonstige Privatpersonen vergeben, die damit ihren privaten Konsum finanzierten, sei es die neue Küche, den neuen Computer oder das neue Auto. Zusammen mit dem Kredit, in der Regel auf demselben Formular, wird eine Restkreditversicherung angeboten und ein Großteil aller Kreditverträge wird auf diese Weise abgesichert.

3.1 Geschäftsfelder und Anbieter in Deutschland

3.1.1 Geschäftsfelder

Autofinanzierung

Nachdem die Restkreditversicherung überall dort anzutreffen ist, wo Kredite an Privatpersonen vergeben werden, ist der Bereich der Autofinanzierung der wichtigste Markt. Statistiken zufolge werden in Deutschland allein 70 % der Neuwagen finanziert bzw. geleast. Betrachtet man nur die Kreditfinanzierung, so werden etwa 36 %

der Verträge direkt im Autohaus abgeschlossen, weitere 24 % sind so genannte Barkredite. Damit kommt den zwölf herstellergebundenen Autobanken eine große Bedeutung zu.

2006 wurden über 1,37 Millionen Neuwagen für insgesamt 28,6 Milliarden Euro über die Autobanken finanziert oder geleast. Mit einer Steigerung um 5,5 % erzielten sie einen Marktanteil von über 60 % aller finanzierten oder geleasten Neufahrzeuge in Deutschland. Das entspricht einem Wertzuwachs von 9,5 % gegenüber dem Vorjahr *(laut Arbeitskreis der Autobanken im April 2007).*

Die Autobanken erhalten allerdings zunehmend Konkurrenz von den anderen Konsumentenkreditbanken, die sich im Laufe der Zeit ihren Platz in der Autofinanzierung durch spezielle Angebote von Autokrediten geschaffen haben.

Unabhängig von der Gestaltung der Autofinanzierung – sei es ein reiner Ratenkredit oder ein Finanzierungsweg mit abschließender Ballonrate – ist die Restkreditversicherung mit jedem dieser Konzepte kombinierbar.

Leasing

Leasing hat sich in den letzten Jahren im gewerblichen Bereich als Instrument etabliert, mit dem Ziel, die Liquidität von Unternehmen zu schonen. Und es setzt sich zunehmend auch im privaten Bereich durch. In diesem Zusammenhang verändert die Restkreditversicherung ein wenig ihren Namen und begegnet uns heute auch als Leasingratenversicherung. Dieser Begriff sollte einheitlich für alle Deckungen verwendet werden.

Rund 40 % aller finanzierten Neufahrzeuge in Deutschland werden geleast. Dazu kann eine Leasingratenversicherung angeboten werden. Da aber auch bei einem gewerblichen Leasingvertrag zum Beispiel ein Geschäftsführer oder der Inhaber einer Firma versichert werden kann, besteht für die Leasingratenversicherung keine Beschränkung auf den privaten Leasingnehmer.

Leasingverträge haben eine durchschnittliche Laufzeit von 3 bis 4 Jahren. In aller Regel wird dem Leasingnehmer angeboten, das Fahrzeug auch über die zunächst vereinbarte Vertragsdauer hinaus zu nutzen. Oft geschieht dies im Rahmen der sogenannten 3-Wege-

Finanzierung, da dem Leasingnehmer drei alternative Möglichkeiten aufgezeigt werden: ein Anschlussvertrag zum Leasing, eine Finanzierung oder die Übernahme des Fahrzeugs gegen Zahlung des Restkaufwertes.

Bei Leasingnehmern, die das Fahrzeug gegen Zahlung des Restkaufwertes übernehmen möchten, sieht die Restkreditversicherung im Leasing auch die Möglichkeit vor, den Restkaufwert zu versichern. Steht bei Vertragsabschluss bereits fest, das Fahrzeug gegen Zahlung eines zu diesem Zeitpunkt festgeschriebenen Restkaufwertes zu übernehmen, so kann diese so genannte Ballonrate für den Todesfall versichert werden. In diesen Fällen wird eine fallende Versicherungssumme für alle laufenden Monatsraten mit einer gleich bleibenden Versicherungssumme in Höhe der Ballonrate kombiniert.

Konsumentenkredite

Neben Autos, Wohnmobilen und Motorrädern werden im privaten Bereich Möbel und Küchen, höherwertige Haushalts- und Elektrogeräte sowie Computer finanziert. Den größten Anteil nach den Autokrediten machen allerdings die Barkredite aus. Auch in diesem Segment gibt es Spezialisten, die sich auf die Finanzierung von privatem Konsum konzentrieren. Darüber hinaus bieten in zunehmenden Umfang auch Einzelhandelsunternehmen Konsumentenkredite an.

Den Markt der Ratenkredite teilten sich im Jahr 2006 die Kreditbanken mit 44 %, die Sparkassen mit 30 %, die Genossenschaftsbanken mit 17 % und sonstige Banken (inkl. Großbanken) mit 9 % *(Angaben laut Bundesbank)*.

Kredit- / Kundenkarten

Kreditkarten bzw. Kundenkarten mit Kreditkartencharakter erfreuen sich in Deutschland immer größerer Beliebtheit. Dabei unterscheiden Fachleute zwei Kreditkartentypen:

- Charge Card
- Credit Card

Bei der Charge Card werden die Kartenumsätze gesammelt und einmal im Monat vom Girokonto des Karteninhabers eingezogen. Die

Credit Card kennt feste Vereinbarungen für die Rückzahlung der Sollsalden. Der Karteninhaber entscheidet sich entweder für eine Einmalzahlung oder für monatliche Raten. Für die Charge Card und die Credit Card kommen also die gleichen Versicherungsdeckungen infrage wie für Überziehungskredite der Girokonten.

Während die klassischen Ratenkredite mit einer Restkreditversicherung auf Einmalbeitragsbasis kombiniert werden, benötigt dieses Marktsegment das Konzept der monatlichen Beitragszahlung. Es gibt keine gleich bleibende monatliche Rate. Vielmehr ändert sich der Saldo kontinuierlich und muss dann auch entsprechend flexibel abgesichert werden. Die Restkreditversicherung als Außenstands-/Kontostands-Versicherung erwirtschaftet durch die Absicherung von Kredit- bzw. Kundenkarten zwar kleinere, jedoch fortlaufende Erträge, die – über die Laufzeit betrachtet – sehr lukrativ sein können.

Kreditrahmen

Die Kreditrahmenversicherung versichert den von der Bank dem Kunden zur Verfügung gestellten Dispo-Rahmen ganz oder auch nur anteilig. Der Beitrag wird jährlich vom Versicherer per Lastschrifteinzug direkt vom versicherten Kundenkonto erhoben. Die Kreditrahmenversicherung verlängert sich in der Regel jährlich. Soweit die Versicherungssumme an einen veränderten Kontorahmen angepasst werden soll, kann dies auch unterjährig geschehen. Eine einfache Mitteilung der Bank an den Versicherer ist ausreichend. Gleichzeitig bekommt der Versicherungsvertrag damit einen neuen Versicherungsbeginn.

Die Kreditrahmenversicherung erfordert, anders als die Außenstands-/Kontostands-Versicherung, eine einzelvertragliche Bestandsführung beim Versicherer. Die Meldung der Vertragsabschlüsse sowie der Vertragsänderungen seitens der Bank an den Versicherer sollte auch aus Kostengründen per Datenleitung möglich sein.

Immobiliendarlehen

Die Restkreditversicherung hat in diesem Segment erhebliches Potenzial. Zwar kann sie sich – je nach Produktansatz – aufgrund der im Vergleich zu den Konsumentenkrediten höheren Finanzierungssummen in der Kalkulation für den Endkunden deutlicher bemerkbar machen, bietet diesem im Leistungsfall aber auch entsprechend höheren Nutzen. Viele Immobiliendarlehen werden von Haus aus mit einer Risikolebensversicherung verbunden. Damit ist zwar der Todesfall eines Darlehensnehmers abgesichert, jedoch bleiben die Risiken der unvorhergesehenen Krankheit oder der unverschuldeten Arbeitslosigkeit ungedeckt. Mit Konzepten, die vor allem für diese Wechselfälle des Lebens vorsorgen, hat die Restkreditversicherung auch bei der Absicherung von Immobiliendarlehen große Erfolgschancen.

Die allgemeinen Versicherungsobergrenzen sind dabei kein Hindernis, denn eine Baufinanzierung wird nur selten in voller Höhe versichert. Ein Ansatz, der sich im Markt bewährt hat, besteht darin, zu fragen: Wie vermindert sich das Kunden-Einkommen bei Arbeitslosigkeit und Arbeitsunfähigkeit – diese Lücke gilt es zu schließen. Bei diesem Ansatz wäre es ausreichend, für die Arbeitsunfähigkeit und die Arbeitslosigkeit eine monatliche Leistungsrate festzulegen, die etwa ein Drittel der monatlichen Annuität beträgt, die der Kunde für das Immobiliendarlehen zu zahlen hat. Bei Immobiliendarlehen sind die ersten Jahre die kritischen Jahre. Deshalb wird es ausreichend sein, insbesondere die ersten Darlehensjahre mit einer Restkreditversicherung zu begleiten.

In der Regel wird ein Einmalbeitrag berechnet, der durch das Immobiliendarlehen mitfinanziert wird. Dadurch ergibt sich für den Kreditnehmer eine monatliche Belastung der Versicherungskosten, die in seinen Tilgungsraten steckt. Es gibt allerdings auch Versicherungslösungen, die Versicherungsbeiträge nicht in die Baufinanzierung einzubeziehen, sondern dem Kunden als Jahresbeiträge oder unterjährige Beitragsraten separat in Rechnung zu stellen.

Damit sind die Märkte der Restkreditversicherung nicht abschließend aufgezählt, jedoch bilden diese Segmente die größten Einsatz- und Absatzgebiete. Letztlich kann die Restkreditversicherung auf alle Bereiche ausgedehnt werden, in denen eine Privatperson regelmäßigen Zahlungsverpflichtungen nachkommen muss. Hierzu bedarf es innovativer und flexibler Versicherungskonzepte – siehe hierzu auch Kapitel 5.

3.1.2 Anbieter

Alle Kreditinstitute, die Ratenkredite vergeben, bieten in der Regel auch die Restkreditversicherung an. Wie bereits erwähnt teilen sich den Ratenkreditmarkt die so genannten Kredit- oder Spezialbanken mit den Genossenschaftsbanken und den Sparkassen. Die Großbanken haben auf diesem Gebiet großen Nachholbedarf, weil sie den privaten Kreditkunden über Jahre hinweg vernachlässigt haben und dieses Geschäft gerade erst wieder neu entdecken.

Während Großbanken über Konzernstrukturen und die Sparkassen oder Genossenschaftsbanken über die jeweiligen Verbundstrukturen in der Regel mit vorgegebenen Versicherungspartnern zusammenarbeiten, sind die Spezial- und Kreditbanken frei in ihrer Wahl.

So konnten sich neben den traditionellen deutschen Lebensversicherern in den letzten Jahren auch verstärkt ausländische Versicherer am deutschen Markt etablieren. Unterstützt wurde diese Tendenz durch die innerhalb der EU geltende Dienstleistungsfreiheit. Dadurch dürfen in Deutschland auch diejenigen Versicherungsunternehmen tätig werden, die in einem anderen Mitgliedsland ihren Sitz und Zulassung nachweisen können.

Vorteile, und damit Gestaltungsmöglichkeiten für Restkreditprodukte, ergeben sich für ausländische Versicherer dadurch, dass sie nicht der deutschen Aufsichtsbehörde und deren – im Vergleich zu anderen Ländern – strengeren Regeln unterliegen. In Deutschland niedergelassene Versicherer stehen demzufolge stark unter Druck.

Bei allem Erfolg und Potenzial der Restkreditversicherung muss betont werden, dass es sich hier um einen Nischenmarkt handelt. Traditionell boten vornehmlich schweizerische Unternehmen dieses Produkt an. Letztlich kann jeder Lebensversicherer die Risiken Tod und Arbeitsunfähigkeit tragen, während es eines Schadenversicherers bedarf, der dies für die Fälle Arbeitslosigkeit und Unfall übernimmt. Dabei kann sich eine Bank durchaus einer beliebigen Kombination der Risikoträger bedienen und diejenigen auswählen, die in der Kombination das vorteilhafteste Paket bilden.

3.2 Grundsätze des Vertriebs und Vertriebswege

3.2.1 Grundsätze des Vertriebs

Einem Versicherungsvertrag für eine Restkreditversicherung liegt in der Regel ein Dreiecksverhältnis zwischen dem Versicherer, dem Versicherungsnehmer (= Kreditgeber) und der versicherten Person (= Kreditnehmer) zu Grunde. Bevor aber ein Restkreditprodukt an die versicherte Person verkauft werden kann, müssen sich Versicherer und Kreditinstitut über die Produktgestaltung und die Leistungsmerkmale geeinigt haben. Zwar ist die Restkreditversicherung ein in weiten Teilen standardisiertes Produkt, die detaillierte individuelle Ausgestaltung ist letzten Endes jedoch Preis entscheidend. Der Kreditnehmer kann am Point of Sale unter Umständen den Deckungsumfang wählen, eine Auswahl zwischen verschiedenen Restkreditanbietern hat er in der Regel nicht. Denn mit der Entscheidung für einen Kredit einer bestimmten Bank, ist er automatisch auch auf den Versicherer festgelegt.

Vertreibt eine Bank ihre Kredite über unterschiedliche Vertriebskanäle, ist es sinnvoll, eine auf den jeweiligen Kanal abgestimmte und damit unterschiedliche Produktgestaltung in Erwägung zu ziehen. Je weniger Beratungsleistung am Point of Sale geboten werden kann, desto einfacher muss das Restkreditprodukt in der Handhabung sein.

Um einen zukünftigen Kreditnehmer für sein Institut zu interessieren und ihn an sich zu binden, bieten die Banken neben attraktiven Zinskonditionen in zunehmendem Maße auch Servicepakete an. Sind es bei den Autobanken häufig so genannte Mobilitätspakete, die neben Kfz-Versicherungen und Garantieleistungen auch die Restkreditversicherung beinhalten, gehen die Konsumentenkreditbanken vergleichbare Wege. Sie bieten zum Kredit mit Restkreditversicherung zum Beispiel Assistance-Leistungen bei drohender Arbeitslosigkeit an. Damit erreichen Banken verschiedene Ziele:

- Kundenbindung durch zusätzlichen Service und Vorsorgegedanken,
- Differenzierung vom Wettbewerb,
- hohes Marketingpotenzial und Werbewirksamkeit.

3.2.2 Vertriebswege

Autohandel

Viele Banken vertreiben ihre Produkte über verschiedene Vertriebswege. Der klassische Vertriebsweg der Autobanken ist der Autohandel. Er wird auch kaum an Bedeutung verlieren – zumindest im Hinblick auf Neuwagenfinanzierung. Denn zum Autokauf geht der potentielle Kreditnehmer ohnehin ins Autohaus und konfiguriert sich zunächst das Fahrzeug und anschließend auch seine Finanzierungsvariante entsprechend seinen Vorstellungen und Bedürfnissen. Die Finanzdienstleistung und mit ihr die Restkreditversicherung hat in den vergangenen Jahren im Autohaus ihren festen Platz gefunden, weg vom Image eines Anhängsels zum Autokauf und hin zum festen Bestandteil, der dem Autokäufer die Mobilität ermöglicht, die von ihm in der heutigen Zeit gefordert wird. Und auch hier zeigt sich, je mehr Dienstleistungen die Käufer aus einer Hand beziehen, desto loyaler sind sie zur Marke und zum ausliefernden Händler.

Damit ist der Verkaufsberater in hohem Maße gefordert. Zunächst geht er seiner ureigenen Aufgabe nach und verkauft ein Auto. Da hier die Margen aber immer geringer werden, muss er zusätzlich die verschiedenen Finanzdienstleistungen verkaufen. Da die Restkreditversicherung ein einfach zu implementierendes Produkt ist und mit dem Kredit einhergeht, kann der Verkaufsberater mit diesem Produkt gute Vertriebserfolge erzielen.

Bankvertrieb

Leichter als der Verkaufsberater im Autohaus hat es dagegen der Bankmitarbeiter. Seine ureigene Aufgabe ist es, einen Kredit zu verkaufen. Gleichzeitig informiert er den Kreditnehmer über die Restkreditversicherung und deren Leistungsumfang.

Darüber hinaus sind Versicherungen im Bankengeschäft gängige Produkte. Denn auch andere Produkte aus dem Lebens- und Sachversicherungsbereich werden üblicherweise bei einem Beratungsgespräch in der Bankfiliale angeboten.

Einige Konsumentenkreditbanken gehen seit 2006 einen neuen Weg. Sie eröffnen so genannte Credit Shops in den Fußgängerzonen der großen Städte. Der Käufer kann somit den Kredit genauso selbstverständlich einkaufen wie Lebensmittel oder Kleidung.

Absatzfinanzierung

Ganz allgemein ist die Absatzfinanzierung ein integrierter Bestandteil des absatzpolitischen Instrumentariums einer Unternehmung, die sie zur Förderung des Absatzes der eigenen Produkte und/oder Dienstleistungen einsetzt. Zugleich soll sie die Nachfrager an das Unternehmen binden. Ein Ansatzpunkt ist die Finanzierung von Warenverkäufen durch Kreditgewährung.

Für den Vertrieb der Restkreditversicherung bedeutet dies, dass ein Einzelhandelsunternehmen, zum Beispiel Möbelhandel oder Anbieter hochwertiger Elektrogeräte, seinen Käufern anbietet, die gewünschten Waren zu finanzieren anstatt bar zu zahlen. Dazu bedarf es einer Kooperation mit einer Bank, die neben dem Kredit auch die Restkreditversicherung anbietet.

Zum Bereich der Absatzfinanzierung gehört selbstverständlich auch der Autohandel, der aufgrund seines Volumens und der Besonderheit der herstellereigenen Autobanken bereits oben gesondert erwähnt wurde.

Internet

Um einen Kredit aufzunehmen, muss der Interessent nicht mehr in eine Bankfiliale gehen. Vielmehr kann er sich dank des Internet zu Hause über verschiedene Angebote online informieren und den Kredit auch online abschließen. So genannte Online-Kreditrechner stellt nahezu jede Bank zur Verfügung. Es wird neben Kreditsumme und Laufzeit in der Regel auch gleich der gewünschte Deckungsumfang einer Restkreditversicherung abgefragt: von „ich trage alle Risiken selbst" bis hin zum Komplettschutz kann der Kreditnehmer aus verschiedenen Varianten wählen und den Preis direkt vergleichen.

Das Kreditgeschäft über das Internet verzeichnet überdurchschnittliche Wachstumsraten und es wird erwartet, dass in diesem Vertriebsweg weiterhin großes Potenzial steckt.

Telemarketing / Nachverkauf

Da nicht jeder Kreditnehmer sich sofort bei Abschluss des Kredites auch für eine Restkreditversicherung entscheidet, kann in einer nachgeschalteten Telemarketing-Aktion noch einmal auf die Vorteile dieser Versicherung aufmerksam gemacht werden. Dazu wird der Kunde in der Regel zunächst telefonisch kontaktiert und bei Interesse wird der Antrag per Post zugeschickt.

Einzelhandel

Der Einzelhandel als Vertriebsweg für die Restkreditversicherung wurde bereits unter „Autohandel" und „Absatzfinanzierung" genannt. Der Einzelhandel bietet jedoch noch weitere Möglichkeiten für den Vertrieb der Restkreditversicherung: Eine davon ist die Herausgabe von eigenen Kundenkarten, die mit einer Kreditfunktion ausgestattet sind. Weiterhin haben ursprünglich reine Einzelhandelsunternehmen eine Bank gegründet und bieten nun neben Waren in ihren Filialen auch Finanzdienstleistungen an.

Agenturen / Makler –> Immobilienfinanzierungen

Die Restkreditversicherung wird klassischerweise nicht über Makler vermittelt. Allerdings bietet sich dieser Vertriebsweg im Zusammenhang mit Immobilienfinanzierung an, da in Deutschland viele Immobilienfinanzierungen über Makler vermittelt werden.

Als Absicherung für Immobiliendarlehen wird zum überwiegenden Teil eine Risikolebensversicherung angeboten. Damit wird dann allerdings nur der Todesfall abgedeckt. Gerade aber der Verlust der Arbeitskraft bzw. des Arbeitsplatzes führt häufig dazu, dass Immobilienfinanzierungen „platzen". Durch Restkreditversicherungslösungen kann diesen Risiken wirksam entgegengetreten werden.

3.3 Marketingmaßnahmen

Der vertriebliche Erfolg der Restkreditversicherung steht und fällt mit dem Bekanntheitsgrad des Produktes innerhalb einer Vertriebsorganisation. Da es sich um ein Zusatzprodukt zum Kredit handelt, ist es darüber hinaus sinnvoll, den Verkaufsberater oder den Bankmitarbeiter an den Erträgen aus der Restkreditversicherung zu beteiligen. Unterstützende Marketingmaßnahmen können daher entscheidenden Einfluss auf den Vertriebserfolg nehmen.

Schulung

Die Verbraucher sind kritischer geworden und legen Wert auf sachgerechte Information. In Produktschulungen werden die Vertriebs- und Service Center Mitarbeiter über die Restkreditversicherung im Detail informiert. Hierbei gibt es verschiedene Vorgehensweisen – je nach Größe der Vertriebsorganisation bieten sich Teamschulungen oder Train-the-Trainer-Veranstaltungen an.

Eine Alternative zu Präsenz-Schulungsmaßnahmen bieten E-Learning-Tools. Mit einer Internet-Verbindung kann man sich direkt am Arbeitsplatz fortbilden. Neu erworbenes Wissen kann unmittelbar durch Online-Tests überprüft werden. So kann eine Bank möglichst viele Verkäufer persönlich ansprechen, den Gang der Fortbildung beobachten und dies bei einem Minimum an Aufwand.

Incentivierung

Je lukrativer der Verkauf der Restkreditversicherung für den Vertriebsmitarbeiter ist, desto eher wird er bereit sein, das Produkt auch anzubieten. Die Bandbreite der Incentivierung reicht von der Erfolgsbeteiligung je verkauftem Restkreditversicherungsvertrag in Form einer Geld- oder Sachprämie über eine gestaffelte Regelung, die den Vertriebserfolg in einem bestimmten Zeitraum bewertet, bis zu einem Wettbewerb, der auf das Unternehmensziel für den Bereich Restkreditversicherung ausgerichtet sein kann.

Argumentationshilfen, Marketingunterlagen

Der Verkaufsberater muss sich auf sein Gespräch mit dem Kunden gut vorbereiten. Zum einen muss er die Vorteile der Restkreditversicherung aufzeigen können, zum anderen benötigt er überzeugende Argumente für deren Abschluss. Denn das primäre Anliegen des Kunden war es, einen Kredit zu bekommen. Das heißt, der Verkaufsberater muss anschließend eine gelungene Überleitung zur Restkreditversicherung finden, auf die Fragen im Detail eingehen und kompetent beantworten können und mit schlüssigen Argumenten den Kunden schließlich überzeugen. Daher ist es sinnvoll, die Verkaufsberater mit entsprechenden Unterlagen, wie zum Beispiel einer Produktübersicht und Argumentationshilfen auszustatten.

Dokumentation und Information

Mit der Umsetzung von EU-Richtlinien – sei es die Versicherungsvermittlungs- oder die Verbraucherkreditrichtlinie – in nationales Recht werden gesetzliche Rahmenbedingungen geschaffen, die für die Versicherungsvermittlung Dokumentations- und Informationspflichten verbindlich vorschreiben. Diejenigen, die Restkreditversicherungen vertreiben, können also dadurch punkten, dass sie bereits im Vorfeld ihre Kunden ausführlich informieren und damit ein verbraucherfreundliches Umfeld schaffen.

4. Die Restkreditversicherung im Urteil von Rechtsprechung, Verbraucherschutz und Versicherungsaufsicht

Die Restkreditversicherung kann nur in Verbindung mit einem Darlehen bzw. einer Zahlungsverpflichtung abgeschlossen werden. Aus dieser Konstellation haben sich einige Besonderheiten herausgebildet, die die Restkreditversicherung von anderen Personenversicherungen unterscheidet. So muss der Versicherungsschutz bereits dann beginnen, wenn das Darlehen ausgezahlt wird, und nicht erst zeitversetzt im Rahmen einer Antragsprüfung mit ungewissem Ausgang. Es ist aus Sicht des Kreditnehmers verständlich, dass die Entscheidung über die Versicherung und ihren Leistungsumfang zum Zeitpunkt der Kreditentscheidung gegeben sein muss.

Allein hieraus wird deutlich, dass die Restkreditversicherung eine technisch-organisatorische Nähe zum Kredit aufweisen muss, wenn sie den Anforderungen eines schnellen und schlanken Geschäftsabschlusses gerecht werden soll.

Von den Kritikern der Restkreditversicherung wird hieraus jedoch gelegentlich der Tatbestand eines unzulässigen und intransparenten Koppelgeschäftes abgeleitet. Die häufiger vorgebrachten Vorbehalte sollen nachfolgend dargestellt und diskutiert werden.

4.1 Ausschlussklausel statt Gesundheitsprüfung

Die Restkreditversicherung sieht keine Gesundheitsprüfung vor, sondern es wird mit dem Kunden eine Ausschlussklausel vereinbart. Diese Klausel ermöglicht es, dem Kunden „sofortigen Versicherungsschutz" zum Zeitpunkt der Kreditauszahlung zuzusagen. Aus Sicht des Versicherers ersetzt die Klausel die ansonsten übliche Gesundheitsprüfung und sorgt damit für den erforderlichen Risikoausgleich.

Die von den meisten Versicherern verwendete RKV-Ausschlussklausel (vgl. auch Seite 28) hat den folgenden Wortlaut:

> *Der Versicherungsschutz erstreckt sich nicht auf die der versicherten Person bekannten ernstlichen Erkrankungen* sowie Unfallfolgen, wegen derer sie in den letzten 12 Monaten vor Beginn des Versicherungsschutzes ärztlich beraten oder behandelt wurde. Diese Einschränkung gilt nur, wenn der Versicherungsfall innerhalb der nächsten 24 Monate seit Beginn des Versicherungsschutzes eintritt und mit diesen Erkrankungen sowie Unfallfolgen in ursächlichem Zusammenhang steht.*
>
> * *Ernstliche Erkrankungen sind zum Beispiel Erkrankungen des Herzens und Kreislaufes, der Wirbelsäule und Gelenke, der Verdauungsorgane, Krebs, HIV-Infektionen / AIDS, psychische Erkrankungen, chronische Erkrankungen.*

Es kann die Aussage getroffen werden, dass sich der Umgang mit der Klausel in der Praxis gut bewährt hat. Vor allem die Bezugnahme auf die dem Kunden bekannten ernstlichen Erkrankungen trägt dazu bei, dass die Klausel als taugliches Äquivalent zu einer Gesundheitsprüfung angesehen werden kann.[5]

Ein Nachteil der Klausel ist, dass sich der Kunde selbst ein Bild über den Umfang seines Versicherungsschutzes machen muss, da nur er selbst etwaige bereits behandelte Vorerkrankungen kennt. Bei der klassischen Gesundheitsprüfung dagegen erhält der Kunde nach Prüfung durch den Versicherer Nachricht darüber, welche Vorerkrankungen gegebenenfalls vom Versicherungsschutz ausgeschlossen sind.

Der Vorteil der Klausel ergibt sich daraus, dass nur die letzten 12 Monate vor Vertragsbeginn bei der Beurteilung von Vorerkrankungen berücksichtigt werden und diese Vorerkrankungen lediglich für 2 Jahre vom Versicherungsschutz ausgeschlossen sind, also nicht für die gesamte Vertragslaufzeit.

Zusammengefasst: Den Einschränkungen der Ausschlussklausel stehen mindestens so viele Vorteile gegenüber, dass sich aus Kundensicht jedenfalls keine Benachteiligung gegenüber der nach dem Versicherungsvertragsgesetz vorgesehenen Vertragsannahme mit Gesundheitsprüfung ergibt.

---

5 Oberlandesgericht Dresden, 30. Juni 2005, Az.: 4 U 232 / 05.

4.2 RKV-Beiträge und Effektivzinsberechnung

Die Restkreditversicherung ist ein freiwilliges Zusatzprodukt zum Kredit. Nach der Preisangabenverordnung, PAngV, werden freiwillig vom Kunden abgeschlossene Versicherungen nicht in den effektiven Jahreszins eingerechnet, auch wenn dies zeitgleich und in Verbindung mit der Kreditaufnahme geschieht.

Nur dann, wenn der Darlehensgeber den Abschluss der Versicherung für die Gewährung des Kredits *zwingend* vorschreibt, ist der Versicherungsbeitrag nach § 6 PAngV beim effektiven Jahreszins zu berücksichtigen. Diese Regelung wird sich aller Voraussicht nach auch in der in Vorbereitung befindlichen EU-Verbraucherkreditrichtlinie wiederfinden.[6]

Die regelmäßige Einbeziehung der Beiträge für die Restkreditversicherung in den Effektivzins – wie seitens des Verbraucherschutzes gewünscht – könnte negative Auswirkungen auf die Risikovorsorge der Kreditkunden haben.

Als Hintergrund sei auf Untersuchungen aus 2007[7] verwiesen, nach denen vor allem die Risikofaktoren Arbeitslosigkeit, Trennung / Scheidung sowie Krankheit und Tod ursächlich für die Überschuldung privater Haushalte sind. Je nach der individuellen Bedarfssituation des Kunden, sprich des von ihm gewählten Tarifes der Restkreditversicherung, können die Kosten der Versicherung unterschiedlich hoch ausfallen. Die Einbeziehung der Kosten für eine freiwillig vom Kunden abgeschlossene Versicherung würde also zu einem höheren Effektivzins führen, was zum Ergebnis haben könnte, dass sich der Kunde gegen den für ihn sinnvollen Risikoschutz entscheidet.

Der Effektivzins ist zudem ein Maßstab für die Kosten (Zinsen) im Verhältnis zu einer erhaltenen Leistung (ausgezahlter Kredit). Die Leistung ist hierbei auch der Höhe nach eindeutig definiert. Bei der Restkreditversicherung als einer Risikoversicherung sind zwar die Kosten (die Höhe des Beitrages) bekannt, nicht jedoch die Leistung.

---

6 Der EU-Ministerrat hat den Entwurf am 21. Mai 2007 gebilligt. Es wird davon ausgegangen, dass das EU-Parlament ebenfalls zustimmt.
7 Überschuldungsreport 2007, iff-institut f. finanzdienstleistungen e.V.

Diese ist entweder „Null", wenn keine Versicherungsleistung ausgezahlt wird, oder sie ist sehr hoch, wenn es zur Auszahlung der Todesfallleistung kommt. Auch diese sachlogischen Unterschiede zwischen dem Kredit und der Restkreditversicherung stehen einer Einbeziehung des Beitrages der Restkreditversicherung in den effektiven Jahreszins entgegen.

Weil der Beitrag für die Restkreditversicherung im Kreditvertrag separat ausgewiesen wird, ist für den Kunden umfassende Transparenz gegeben. So kann der Kunde frei entscheiden, welche Risiken er absichern möchte, oder auf die Absicherung verzichten.

4.3 Restkreditversicherung oder Risikolebensversicherung?

Eine Risikolebensversicherung wird in der Regel zur Versorgung der Familie für den Todesfall des Hauptverdieners abgeschlossen. Aus der Aufnahme eines Kredites kann deshalb ein zusätzlicher Absicherungsbedarf entstehen, so dass eine bereits bestehende Lebensversicherung nicht unüberlegt für die Absicherung des zusätzlich entstandenen Risikos verwendet werden sollte.

Als wichtige Überlegung aus Kundensicht kommt hinzu, dass die Risikolebensversicherung die Risiken Arbeitslosigkeit und Arbeitsunfähigkeit nicht abdecken kann. Dies ist nur mit einer Restkreditversicherung möglich. Hinzu kommt, dass mit der Restkreditversicherung ein zum Kredit kongruentes Deckungskonzept dargestellt werden kann. Dies bezieht sich sowohl auf die laufende Anpassung der Versicherungssumme zur Absicherung des Todesfalles als auch auf die Leistungen bei Arbeitsunfähigkeit und Arbeitslosigkeit, die der Höhe der Kreditrate entsprechen. Der Vergleich der Restkreditversicherung mit einer Risikolebensversicherung ist ein unzulässiger Vergleich, weil der Restkreditversicherung ein deutlich erweitertes Deckungskonzept zu Grunde liegt: neben dem Todesfall, die Arbeitsunfähigkeit wegen Krankheit, Unfall, Invalidität sowie Arbeitslosigkeit und Scheidung. Gerade dann, wenn der Kredit bei knapper Haushaltsrechnung aufgenommen wurde, sollte über den Bedarf einer zusätzlichen Risikoabsicherung sorgfältig nachgedacht werden.

4.4 Restkreditversicherung – quasi obligatorisch?

Die Restkreditversicherung ist ein wichtiges Zusatzprodukt zum Kredit, das der Kunde fakultativ – nach eigenem Ermessen – in Anspruch nehmen kann, nicht aber obligatorisch abschließen muss. Dies schließt nicht aus, dass es Banken gibt, die die Kreditvergabe im Einzelfall vom Abschluss einer Restkreditversicherung abhängig machen. Dies kann bonitätsbegründet sein oder auf der Basis eines besonders günstigen Zinssatzes beruhen, bei dem ein geringeres Kreditausfallrisiko unterstellt wurde. Wenn jedoch ein Kreditgeber diesen Verkaufsansatz wählt, dann muss in diesen Fällen der Beitrag für die Restkreditversicherung in die Berechnung des effektiven Jahreszinses einbezogen werden, vergleiche Kapitel 4.2.

Grundsätzlich jedoch hat der Kunde das Wahlrecht eine Restkreditversicherung abzuschließen oder auch nicht. Seit der EU-Versicherungsvermittlungsrichtlinie, die am 22. Mai 2007 für Deutschland in Kraft getreten ist, ist es erforderlich, das Verkaufsgespräch mit dem Versicherungsnehmer schriftlich zu dokumentieren. Mit diesem Beratungsprotokoll wird die Entscheidung des Kunden nachweisbar festgehalten. Dies bezieht sich dann entweder auf den Umfang des Versicherungsschutzes, das heißt die Bezeichnung des ausgewählten Tarifes oder gegebenenfalls auch den Verzicht auf den angebotenen Versicherungsschutz. Für die Transparenz und zum Schutz des Versicherungsnehmers ist dies eine hilfreiche und sinnvolle Vorgehensweise.

4.5 EU-Versicherungsvermittlungsrichtlinie und VVG

Am 22. Dezember 2006 ist das Gesetz zur Neuregelung des Versicherungsvermittlerrechts (VersVermG), mit dem die EU-Versicherungsvermittlungsrichtlinie in deutsches Recht umgesetzt wird, verkündet worden (BGBl. 2006 I Nr. 63 S. 3232 ff.).

Mit Inkrafttreten der gesetzlichen Neuregelungen am 22. Mai 2007 benötigen Versicherungsvermittler für ihre Tätigkeit eine Berufshaftpflichtversicherung bzw. im Ausschließlichkeitsvertrieb eine Haftungsübernahme durch ein Versicherungsunternehmen. Des Weiteren sind auch zivilrechtliche Vorgaben der §§ 42 a ff. VVG hinsichtlich Information und Beratung von Versicherungsnehmern unmittelbar zu erfüllen. Für die erforderliche Registrierung und Erlaubnisbeantragung bei den zuständigen Industrie- und Handelskammern besteht gemäß § 156 GewO eine Übergangsfrist bis zum 1. Januar 2009.

Die Verordnung über die Versicherungsvermittlung und -beratung (VersVermV) regelt u. a. die Details zu der Qualifikation der Vermittler, der Registerführung durch die IHK und den Informationspflichten eines Vermittlers. Des Weiteren ist seit dem 8. Februar 2007 sowie mit dem aktuellen BGH-Urteil die Neuregelung für das Versicherungsvermittlungs-Gesetz (VersVermG) rechtskräftig und dokumentiert.

Die Praxis wird zeigen müssen, inwieweit der Gesetzgeber nachträglich noch eingreifen wird, da sowohl in der VersVermV als auch im VersVermG zum Teil erheblicher Raum für Interpretationen besteht.

Während das VersVermG in der Gewerbeordnung (GewO) alle relevanten Aspekte der Berufszulassung regelt, klärt das Versicherungs-Vertrags-Gesetz (VVG) die zivilrechtlich relevanten Vertragsverhältnis-Strukturen, das beinhaltet alle Mitteilungs-, Beratungs-, Dokumentations- und Schadenersatzpflichten. Dazu kommen die Bestimmungen im Versicherungs-Aufsichts-Gesetz (VAG), das die Kontrolle der Versicherungswirtschaft im Allgemeinen regelt; hier im Besonderen die Verpflichtung der Versicherungsunternehmen gegenüber den Versicherungsvermittlern sowie die Sicherstellung der Qualifikation und Eintragung der gebundenen Vermittler.

Ausgehend von § 34d GewO werden die unterschiedlichen Ausprägungen bzw. wird der Status der eigenständigen juristischen Person des regulierten Vermittlers festgelegt, die gegenüber dem Versicherungsnehmer auftritt. Es handelt sich im Wesentlichen um den:

- Vollvermittler (geregelt in Abs. 1)
- produktakzessorischen Vermittler (Abs. 3)
- Ausschließlichkeitsvertreter (Abs. 4).

In Abs. 9 Nr. 3 ist darüber hinaus die Komplettausnahme von der gewerberechtlichen Regulierung für die Vermittlung bestimmter RKV geregelt, die zum Beispiel alle Händler betrifft, die die RKV als

4.5 EU-Versicherungsvermittlungsrichtlinie und VVG

Zusatzleistung zu ihrer eigentlichen Ware oder Dienstleistung in Zusammenhang mit Darlehens- oder Leasingverträgen abschließen und dabei eine Jahresprämie von max. 500 Euro nicht überschreiten.

Relevant ist des Weiteren, ob es sich um eine ein- oder mehrstufige Vermittlerstruktur handelt bzw. die Vermittlung durch das Versicherungsunternehmen direkt durchgeführt wird. Wesentliche Faktoren sind auch hier die Definition von Registrierung, Erlaubnis, Berufshaftpflichtversicherung, Sachkundeprüfung Mitarbeiterschulung und ggf. die Prüfung für die Zusammenarbeit.

Daneben finden sich in § 42 ff. VVG Vorgaben zur Regelung der Beratungsgrundlage, Befragungs-, Beratungs- und Begründungspflichten. Diese Pflichten müssen jetzt klar dokumentiert werden, zum Beispiel durch ein separates Beratungsprotokoll. Hinsichtlich Inhalt und Umfang ist damit zu rechnen, dass Anpassungen erfolgen werden. Denn dadurch, dass von Seiten des Gesetzgebers teilweise konkrete Vorgaben fehlen, wird der Entwicklungsprozess in Richtung Rechtssprechung und Rechtspraxis verlagert.

Unabhängig davon müssen Versicherungsvermittler die neuen Vorgaben form- und fristgerecht in ihre jeweiligen Geschäftsprozesse einbinden.

5. Payment Protection – mehr als eine Restkreditversicherung

Die Restkreditversicherung ist seit langer Zeit in Deutschland bekannt. Daneben existiert seit einigen Jahren jedoch ein neuer Begriff: „Payment Protection Insurance" (PPI). Ist hier das Gleiche gemeint oder geht es um andere Inhalte? Dies und mehr soll im nachfolgenden Kapitel geklärt werden.

5.1 Die Chancen in Deutschland

5.1.1 Unterschiede Payment Protection Insurance (PPI) – Restkreditversicherung

Eine eindeutige Trennung der Begriffe Restkreditversicherung bzw. Payment Protection Insurance (PPI) gestaltet sich schwierig, da PPI im englischen Sprachgebrauch durchaus Restkreditversicherung bedeuten kann. PPI im Kontext dieses Buches unterscheidet sich jedoch gravierend. So wie sich die Restkreditversicherung im Zuge der zunehmenden Kreditvergabe entwickelte, entstand in den letzten Jahren vor dem Hintergrund einer sich wandelnden Gesellschaft der Bedarf von zusätzlichen Absicherungsmöglichkeiten von Belastungen und Risiken, die das tägliche Leben betreffen.

Entsprechend führte die Weiterentwicklung der klassischen Restkreditversicherung hin zu einer zusätzlichen Absicherung von allgemeinen Zahlungsverpflichtungen, der sog. Payment Protection Insurance, in den vergangenen Jahren zu ersten Erfolgen. In folgenden Punkten unterscheidet sich eine Payment Protection Insurance erheblich von der ursprünglichen Restkreditversicherung:

Anders als bei der herkömmlichen Restkreditversicherung, bei der ein Kredit, eine Finanzierung oder eine Leasingrate im Vordergrund stehen, handelt es sich bei der Payment Protection Insurance um die Absicherung einer beliebigen Zahlungsverpflichtung, wie zum Beispiel der Strom- oder Telefonrechnung. Oder aber man möchte die Absicherung des persönlichen Lebensstils ganz unabhängig von einer bestimmten Zahlungsverpflichtung (Lifestyle Protection) erreichen.

Auf dem Markt entstehen dadurch unterschiedliche Deckungen und neue Produktkonstellationen, die sehr individuell auf den jeweiligen Kundenkreis abgestimmt werden können.

Weiterhin tritt bei der Payment Protection die Absicherung des Todesfalls in den Hintergrund. Denn entscheidend ist hier die Absicherung der laufenden Zahlung. Damit treten die Risiken der Arbeitslosigkeit und der Arbeitsunfähigkeit in den Fokus.

Das Risiko des Todesfalls wird jedoch nicht ganz außer Acht gelassen: Bei größeren monatlich anfallenden Beträgen wie zum Beispiel bei Miete kann eine Absicherung des Todesfallrisikos durchaus sinnvoll sein. In der Regel erfolgt die Leistung im Schadenfall in Form eines einmaligen Betrages, dessen Höhe etwa 3 bis 6 Monatsmieten entspricht. Den Hinterbliebenen ermöglicht dieser Betrag einen Zeitgewinn bei der Wohnungsauflösung und bedeutet für sie eine finanzielle Entlastung.

Eine zeitliche Beschränkung der Laufzeit gibt es bei der Payment Protection Insurance nicht. Da die regelmäßig wiederkehrenden Zahlungsverpflichtungen auf unbestimmte Zeit bestehen, verhält sich die zugehörige Versicherung ebenso flexibel.

Auch für den Kunden ergeben sich zwangsläufig andere Konstellationen als bei der herkömmlichen Absicherung. Die Beiträge zur Payment Protection Insurance werden laufend gezahlt. Diese können über die Laufzeit des Vertrages jedoch jeweils neuen Bedürfnissen angepasst werden. Entsprechend fallen hierbei für Anbieter (Banken bzw. Dienstleistungsunternehmen) kontinuierliche Provisionen in Abhängigkeit von der Ratenhöhe an.

Ebenso flexibel verhält sich die Zahlweise. Angepasst an den Zahlungsturnus der Leistungen zum Beispiel des Versorgers (monatlich, quartalsweise, halbjährlich) wird auch die Versicherung in den entsprechenden zeitlichen Intervallen bezahlt.

Die Leistungsdauer bei der PPI gestaltet sich je nach Deckung unterschiedlich. Im Falle von Arbeitslosigkeit leistet der Versicherer pro Leistungsfall jeweils bis zu 12 Monaten (insgesamt während der Laufzeit bis zu max. 24 bzw. 36 Monaten). Eine Fortführung der Leistung über diesen Zeitraum hinaus führt zu offenen rechtlichen Fragestellungen. Denn bisher ist rechtlich nicht eindeutig ge-

5.1 Die Chancen in Deutschland

klärt, inwieweit die Leistungen aus einer PPI auf das Arbeitslosengeld II angerechnet werden müssen. Um dieser kritischen Situation zu entgehen, wird die Leistungsdauer entsprechend beschränkt.

Bei Arbeitsunfähigkeit wird die Leistungsdauer in der Regel mit 18 Monaten angesetzt. Auch diese Zeitspanne wurde mit Bedacht gewählt, denn nach 18 Monaten gibt es anderweitige Handlungsmodelle, die den Versicherten im Rahmen von Leistungen zur Erwerbsunfähigkeit weiter versorgen.

Die generellen Unterschiede zwischen der klassischen Restkreditversicherung und Payment Protection sind in der nachfolgenden Tabelle zusammengefasst.

Leistungsspektrum, Branchen	Restkreditversicherung (RKV)	Payment Protection Versicherung (PPI)
Absicherung	Konsumenten-, Auto- und Immobilienkredite	Wiederkehrende, regelmäßige Zahlungsverpflichtungen
Beitrag	Überwiegend Einmalzahlung	Monatliche Zahlung
Deckungen (immer in Kombination)	Tod / AU / AL	AU / AL (und evtl. Tod)
Versicherte Rate	Gleich bleibend	Gleich bleibend oder variabel
Versicherungssumme	Restkredit	Monatliche Rate
Laufzeit	Kreditlaufzeit (oftmals 5 Jahre, max. 10 Jahre)	Unbegrenzt, zu definieren
Prämie	Laufzeitabhängig	Konstanter Faktor der monatlichen Rate
Effekt	Ertragsquelle	Informations-, Ertrags- und Marketinginstrument
Zielsetzung	Kreditsicherung	Kundenbindung, Wettbewerbsvorteil, Reduktion Zahlungsausfälle

Tabelle 5.1: Unterschiede zwischen Restkreditversicherung und Payment Protection

5.1.2 Marktchancen in Deutschland

Welche Zielgruppe wird mit dem Thema Payment Protection in Deutschland angesprochen? Gibt es überhaupt einen Markt dafür?

Grundsätzlich können neben der klassischen Zielgruppe der Restkreditversicherung mit PPI auch Selbstständige und Beamte angesprochen werden. In diesem Fall kann lediglich das Risiko der Arbeitsunfähigkeit abgedeckt werden bzw. der Verlust der Selbstständigkeit.

Um das generelle Interesse der Konsumenten am Thema zu testen, führte febs AG im Jahr 2005 eine umfassende Marktstudie in Zusammenarbeit mit einem renommierten Marktforschungsinstitut durch.

Gefragt wurde unter anderem:

- Welche regelmäßigen Zahlungsverpflichtungen möchte der Kunde absichern?
- Ist der Bedarf für „Payment Protection Insurance" für bestimmte Zahlungsverpflichtungen wie Miete, Handy oder Stromrechnung überhaupt vorhanden?
- Welche Anforderung stellt der Kunde an das Versicherungsprodukt?

Die Ergebnisse bestätigen das Potenzial dieser neuen Absicherungsform. Insbesondere das Thema Mietabsicherung stieß bei den Befragten auf großes Interesse.

Die aktuell größte Angst der Menschen in Deutschland ist die Angst vor Arbeitslosigkeit. Wer arbeitslos wird, muss in der Regel mit dramatischen Einschnitten im finanziellen Bereich rechnen. Besonders schwierig – aber dennoch essentiell – ist dann die Aufrechterhaltung der Mietzahlung. Genau dort kann die Absicherung durch Payment Protection ansetzen. Die Studie zeigt deutlich, dass dem Konsumenten dies bewusst ist: 68 % aller Befragten hielten eine Absicherung der Mietzahlung gegen Arbeitslosigkeit für sinnvoll, 14 % sogar für sehr interessant.

5.1 Die Chancen in Deutschland

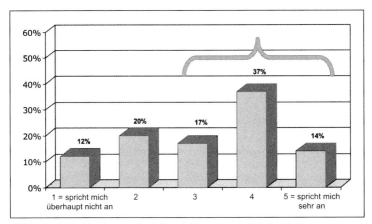

Abbildung 5.1: Absicherung der Mietzahlung gegen Arbeitslosigkeit

Wenn die Übernahme der Miete durch die Versicherung für 12 Monate erfolgt, halten die Testpersonen diesen Zeitraum für absolut ausreichend. Man hofft, in diesem Zeitraum neue Beschäftigung zu finden. Insgesamt wurde das Argument „gute Absicherung in der derzeitig schlechten wirtschaftlichen Lage" immer wieder genannt.

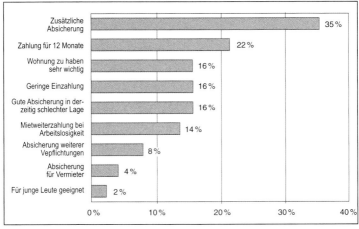

Abbildung 5.2: Argumente für die Absicherung der Mietzahlung

Neben der Absicherung der Mietzahlung konnten sich die Befragten auch eine allgemeine Absicherung des Lebensstandards („Lifestyle Protection") unabhängig von einer konkreten Zahlungsverpflichtung vorstellen. Auch hier fühlten sich 59 % der Befragten angesprochen.

In diesem Fall würde die Versicherung eine vorab definierte Rate im Fall von Arbeitslosigkeit oder Arbeitsunfähigkeit übernehmen, die dem Betroffenen eine Aufrechhaltung seines Lebensstandards ermöglicht – sei es der Wochenendkurztrip oder der monatliche Restaurantbesuch.

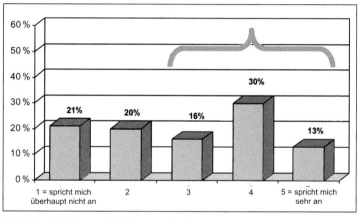

Abb. 5.3: Absicherung des Lebensstandards

5.1.3 Besonderheiten für städtische Versorgungsunternehmen

Besonders für städtische Versorgungsunternehmen wird das Thema Payment Protection immer interessanter. Grundsätzlich bietet die Payment Protection Insurance jedem Unternehmen, das diese in Kombination mit ihrem Produkt (wie zum Beispiel Strom) verkauft drei Vorteile:

- Die Forderungen des Versorgers sind abgesichert. Auch im Fall von Arbeitslosigkeit oder Arbeitsunfähigkeit des Kunden entstehen keine Unregelmäßigkeiten.

5.1 Die Chancen in Deutschland

- Die Versicherung trägt zu einer erhöhten Kundenbindung bei. Die Kunden fühlen sich gut abgesichert und damit gut betreut. Die Wechselbereitschaft des Kunden wird verringert.
- Es können attraktive Zusatzeinnahmen erzielt werden.

Gerade für städtische Versorgungsunternehmen kommt jedoch ein weiterer entscheidender Punkt hinzu: Sie erhalten die Information, ob ihr Kunde arbeitslos geworden ist. Normalerweise ist der Kunde nicht verpflichtet, das Versorgungsunternehmen darüber zu unterrichten. Jetzt liegt es jedoch sogar im Interesse des Kunden den Versorger zu informieren, da er nur dann die Leistungen aus der Payment Protection erhält.

Wenn nun nach 12 Monaten der Kunde lediglich Arbeitslosengeld II bezieht und seine Stromrechnung nicht mehr bezahlen kann, so besteht für den Kunden eine Art Versorgungsanspruch, der aber anders als bei Wasser- und Wärmeversorgung nicht rechtlich festgeschrieben ist. Das heißt, die Stadtwerke sind aus ihrer sozialen Verpflichtung gegenüber ihrem Kunden angehalten, diese Versorgung zu leisten, auch wenn zunächst die Bezahlung der offenen Leistungen nicht erbracht werden kann. Eine Begründung findet dieser Sachverhalt darin, dass das heutige Leben ohne Strom nicht mehr möglich ist. Daher ist der Informationsvorsprung im Hinblick auf mögliche Konsequenzen in der Versorgung für das Dienstleistungsunternehmen von so großer Bedeutung. Erfährt das Stadtwerk schon 12 Monate im Voraus vom Eintritt der Arbeitslosigkeit, können bereits antizipative Konzepte entwickelt werden, wie der Kunde aufgefangen und weiterhin kostengünstig versorgt werden kann. Auch gemeinsam mit anderen sozialen Institutionen des Staates. Ein Sonderfall zwar – aber dennoch für diese Anbieter von entscheidender Bedeutung.

5.1.4 Lifestyle Protection

Wie bereits oben erwähnt, stand bei der Studie die generelle Absicherung des Lebensstandards unabhängig von einer besonderen Zahlungsverpflichtung ebenfalls hoch in der Gunst der Konsumenten. Dies führt zu einer noch extremeren Weiterentwicklung der Restkreditversicherung, denn hier steht keinerlei Zahlungsverpflichtung – sei es die Rate eines Kredites oder eine anderweitige Verpflichtung – mehr im Hintergrund.

Dem Kunden wird im Falle von Arbeitslosigkeit oder Arbeitsunfähigkeit ein festgelegter Betrag ausgezahlt, der diesem zur freien Verfügung steht. Egal ob damit ein Teil der Mietkosten gedeckt wird oder nur ein monatlicher Restaurantbesuch – dies bleibt jedem selbst überlassen.

Noch steckt dieses Produkt in den Kinderschuhen. Die Nachfrage ist jedoch vorhanden und es ist zu erwarten, dass im Laufe der nächsten Jahre weitere Produkte diesbezüglich auf dem Markt angeboten werden.

5.1.5 Anforderungen an die Anbieter

Was bedeutet dieser Wandel für die Anbieter und die Versicherungen? Versicherungsgesellschaften sind aufgefordert, neue Deckungen zu entwickeln und zur Verfügung zu stellen. Die Anbieter – sei es Bank oder Dienstleistungsunternehmen – hingegen müssen flexibler auf die Kundenwünsche reagieren und ihre Produkte schneller anpassen bzw. ergänzen, im Einzelfall sogar vollständig umbauen. Denn nur wenn die Deckung verbraucherorientiert ist, wird der Kunde das Produkt auch annehmen.

Dazu sind notwendig:

- Eine schlanke Verwaltung, die auf die Verarbeitung von kleinen Beträgen – sei es bei den Beiträgen als auch bei der Leistung – eingestellt ist. Dazu erforderlich ist ein hocheffizientes, technisches Verfahren im Hintergrund.
- Die Schulung der Verkäufer mit Hilfe neuester Technik (zum Beispiel E-Learning). Zudem werden mit Hilfe der internetbasierten Technik eine größere Sicherheit und der Nachweis geboten, dass der Kunde korrekt beraten wurde (siehe dazu auch Kapitel 3.2).
- Das Angebot von Zusatzleistungen wie zum Beispiel Assistance Leistungen für den Kunden bei drohender Arbeitslosigkeit. Diese können das Produkt noch weiter ergänzen und veredeln.

Das Produkt Payment Protection eignet sich besonders zur Koppelung mit anderen Produkten wie zum Beispiel den oben genannten Assistance Leistungen (siehe auch Kapitel 3.2). Damit bieten sich hier weitere, neue, individuelle Möglichkeiten.

5.2 Tendenzen im europäischen Ausland

Der Begriff „Payment Protection Insurance (PPI)" hat seinen Ursprung in Großbritannien. Denn dort ist die Absicherung von alltäglichen Zahlungsverpflichtungen bereits seit Jahren Usus. Das spezielle Produkt für die Absicherung gewöhnlicher Zahlungsverpflichtungen verbindet man dort eher mit dem Namen Income Payment Protection (IPP).

Während in Deutschland PPI bisher ausschließlich direkt von dem Empfänger der jeweiligen Zahlungsverpflichtung in Kombination mit einem entsprechenden Vertrag (Telefonanbieter, Energiedienstleister) angeboten wird, kann im europäischen Ausland PPI auch separat über Versicherungsmakler oder über das Internet abgeschlossen werden. Der Kunde kann daher die Angebote verschiedener Anbieter direkt vergleichen und die Versicherung auch anderweitig abschließen. Vor allem im Internet können direkte Beitragsvergleiche angefordert und Abschlüsse getätigt werden.

Die Bedingungen dabei unterscheiden sich zum Teil gravierend, insbesondere was die Leistungssumme beträgt. Je nach Anbieter kann zum Beispiel in Großbritannien bis zu £ 2.000 pro Monat bzw. 75 % des Netto-Einkommens steuerfrei ausgezahlt werden.

Sowohl die klassische Restkreditversicherung als auch die PPI stehen gerade in Großbritannien – aber auch in Deutschland – sehr in der Kritik der Verbraucherschützer. Dies beruht häufig jedoch auf fehlerhaften Informationen über das Produkt. Dabei hat die Schadenrate in den letzten Jahren aufgrund der erhöhten Zahl von Privatinsolvenzen und der Konjunkturlage erheblich zugenommen. Ein Indiz dafür, dass der Abschluss einer derartigen Versicherung für den Verbraucher gerade in der heutigen Zeit sehr wichtig und sinnvoll sein kann.

Die Anbieter versuchen, dem Negativ-Image durch gezielte Maßnahmen entgegen zu wirken: So kann die Versicherung in der Regel innerhalb eines Monats durch eine schriftliche Kündigung beendet werden.

In anderen europäischen Ländern steckt das Thema Payment Protection weiterhin in den Kinderschuhen, insbesondere in Osteuropa. Neue Ideen aus Deutschland werden dort mit großem Interesse verfolgt und für weitere Entwicklungen genutzt werden.

Insgesamt kann man sagen, dass die Entwicklung jedoch in Großbritannien einige Jahre vor der in Deutschland liegt. Es gilt daher für den restlichen europäischen Markt im Allgemeinen und für den deutschen Markt im Speziellen von Anfang an sensibel und verantwortungsvoll mit dem Produkt Payment Protection Insurance umzugehen. Nur dann wird das viel versprechende Produkt eine erfolgreiche Entwicklung erleben.

6. Arbeitsgrundlagen

6.1 Mustervertrag Restkreditversicherung

Exemplar für den Versicherer

Stempel der Bank

Telefonnummer der Bank

ist entsprechend Rahmenvertrag:
die Bank

Agentur Nr.

Versicherte Person

Konto-Nr. des Versicherten

Anrede:
☐ Herr
☐ Frau

Name, Vorname, Titel der zu vers. Person

Straße, Hausnummer

Postleitzahl   Ort

Geburtsdatum

Kurzbeschreibung der Tarife, Versicherungsleistung und Beitrag

Als Restkreditversicherung wird abgeschlossen:

Risikoversicherung auf den Todesfall mit fallender Versicherungssumme und auf den Arbeitsunfähigkeitsfall bei der Lebensversicherung und eine Arbeitslosigkeits-Zusatzversicherung bei der Schadenversicherung. [122]

Risikoversicherung auf den Todesfall mit fallender Versicherungssumme und auf den Arbeitsunfähigkeitsfall bei der Lebensversicherung [111]

Risikoversicherung auf den Todesfall mit fallender Versicherungssumme bei der Lebensversicherung und eine Arbeitslosigkeits-Zusatzversicherung bei der Schadenversicherung [124]

Risikoversicherung auf den Todesfall mit fallender Versicherungssumme bei der Lebensversicherung [112]

6.1 Mustervertrag Restkreditversicherung

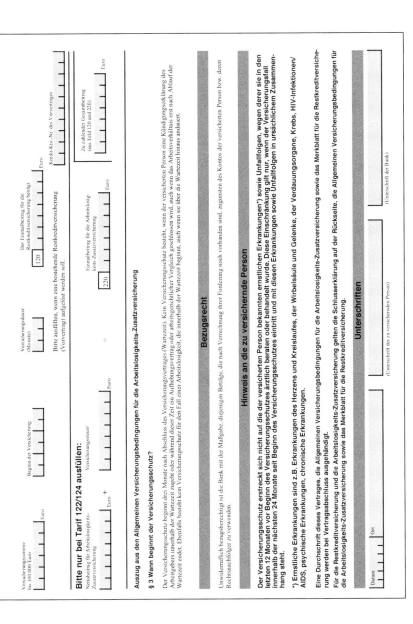

Schlusserklärung

1. Die zu versichernde Person bevollmächtigt die Bank/Firma, für sie sämtliche Erklärungen zur Restkreditversicherung einschließlich deren Beendigung, an die Lebensversicherung bzw. an die Schadenversicherung abzugeben und von dieser entgegenzunehmen.

   Für diese Versicherung gelten die Allgemeinen Versicherungsbedingungen für die Restkreditversicherung sowie die Allgemeinen Versicherungsbedingungen für die Arbeitslosigkeits-Zusatzversicherung. Ergänzend gelten die in dem Merkblatt für die Restkreditversicherung festgelegten Bestimmungen.

2. **Ich ermächtige** die Gesellschaft, zur Prüfung von Leistungsansprüchen alle Ärzte, Krankenhäuser und sonstigen Krankenanstalten, bei denen ich in Behandlung war oder sein werde, sowie andere Personenversicherer über meine Gesundheitsverhältnisse bei Vertragsabschluss zu befragen; dies gilt nur für ein Jahr vor Vertragsabschluss und die nächsten zwei Jahre nach Vertragsabschluss. Die Gesellschaft darf auch die Ärzte, die die Todesursache feststellen, und die Ärzte, die mich im letzten Jahr vor meinem Tod untersuchen oder behandeln werden, sowie Behörden – mit Ausnahme von Sozialversicherungsträgern – über die Todesursache oder die Krankheiten, die zum Tode geführt haben, befragen. Insoweit entbinde ich alle, die hiernach befragt werden, von der Schweigepflicht auch über meinen Tod hinaus.

3. **Ich willige ferner ein, dass die Versicherer der Versicherungsgruppe meine allgemeinen Vertrags- und Leistungsdaten in gemeinsamen Datensammlungen führen und an den/die für mich zuständigen Vermittler weitergeben, soweit dies der ordnungsgemäßen Durchführung meiner Versicherungsangelegenheiten dient. Gesundheitsdaten dürfen nur an Personen- und Rückversicherer übermittelt werden; an Vertreter dürfen sie nur weitergegeben werden, soweit es zur Vertragsgestaltung erforderlich ist. Diese Einwilligung gilt nur, wenn ich die Möglichkeit hatte, in zumutbarer Weise vom Inhalt des von der Gesellschaft bereitgehaltenen Merkblattes zur Datenverarbeitung Kenntnis zu nehmen.**

4. Eine Durchschrift dieses Vertrages, die Allgemeinen Versicherungsbedingungen für die Arbeitslosigkeits-Zusatzversicherung sowie das Merkblatt für die Restkreditversicherung werden bei Vertragsabschluss ausgehändigt.

6.2 Merkblatt für die Restkreditversicherung

Für die versicherte Person

1. Zweck einer Restkreditversicherung

Zweck einer Restkreditversicherung ist es, die Erfüllung von Zahlungsverpflichtungen des Versicherten bei dessen Ableben oder bei dessen krankheitsbedingter Arbeitsunfähigkeit sicherzustellen.

2. Mindest- und Höchsteintrittsalter

Das Mindesteintrittsalter des zu Versichernden beträgt 18 Jahre, das Höchsteintrittsalter 65 Jahre (wenn die Versicherung auch auf den Arbeitsunfähigkeitsfall abgeschlossen ist, 64 Jahre).

3. Beginn, Umfang und Ende des Versicherungsschutzes

Der Versicherungsvertrag gilt mit dem Tage seiner Unterzeichnung als abgeschlossen. Zum Beginn des Versicherungsschutzes vergleiche § 2 des nachfolgenden Auszugs aus den Allgemeinen Versicherungsbedingungen für die Restkreditversicherung auf den Todes- und Arbeitsunfähigkeitsfall (AVB).

Die Lebensversicherung zahlt *beim Ableben der versicherten Person* während der Versicherungsdauer je nach gewähltem Tarif

- ein Kapital in Höhe des zu diesem Zeitpunkt noch bestehenden Restkredits, der stets auf der Grundlage gleich hoher monatlicher Rückzahlungsraten berechnet wird (Tarife mit fallender Versicherungssumme);
- ein Kapital in Höhe der vereinbarten Versicherungssumme (Tarife mit gleichbleibender Versicherungssumme).

Ist die Versicherung auch auf den *Arbeitsunfähigkeitsfall* abgeschlossen, so zahlt die Lebensversicherung im Falle der Arbeitsunfähigkeit (vergl. § 1 des nachfolgenden Auszugs aus den AVB) des Versicherten nach Ablauf der Karenzzeit von sechs Wochen eine monatliche Arbeitsunfähigkeitsrente.

Die monatliche Arbeitsunfähigkeitsrente ist gleich dem Betrag, der sich durch Teilung der (Anfangs-)Versicherungssumme durch die Versicherungsdauer in Monaten ergibt.

Die monatliche Arbeitsunfähigkeitsrente ist auf 2.500 Euro, die Versicherungssumme im Todesfall auf 100.000 Euro einschließlich eventuell bereits bestehender Restkreditversicherungsverträge – pro versicherter Person – begrenzt.

Der Versicherungsschutz endet bei Tod des Versicherten, im Übrigen mit Ablauf der im Vertrag angegebenen Dauer, spätestens nach 120 Versicherungsmonaten bzw. mit Vollendung des 75. (wenn die Versicherung auch auf den Arbeitsunfähigkeitsfall abgeschlossen ist, mit Vollendung des 65.) Lebensjahres des Versicherten, sofern er nicht vorzeitig gemäß Ziffer 6 des Merkblattes gekündigt wurde.

4. Hinweis für das Verhalten im Leistungsfall

Der Tod des Versicherten ist unter Angabe der Konto-Nr. und des Namens der Bank unverzüglich an die

> Lebensversicherung
> Straße
> PLZ Ort

zu melden.

Der Meldung beizufügen sind die in § 7 des nachfolgenden Auszugs aus den AVB genannten Nachweise.

Leistungen bei Arbeitsunfähigkeit (wenn die Versicherung auch auf den Arbeitsunfähigkeitsfall abgeschlossen ist):

Nach Ablauf von sechs Wochen nach Eintritt der Arbeitsunfähigkeit entsteht der Anspruch auf Arbeitsunfähigkeitsrente gemäß § 1 des nachfolgenden Auszugs aus den AVB.

Wird der Lebensversicherung die Arbeitsunfähigkeit später als sechs Monate nach ihrem Eintritt schriftlich mitgeteilt, so entsteht der Anspruch auf die Versicherungsleistung erst mit Beginn des Monats der Mitteilung.

Die Meldung ist auf dem entsprechenden Vordruck an die

> Lebensversicherung
> Straße
> PLZ Ort

zu senden.

Eine Meldung ist nicht erforderlich, wenn ein Leistungsausschluss gemäß § 6 des nachfolgenden Auszugs aus den AVB vorliegt. Die während der Arbeitsunfähigkeit bestehenden Verpflichtungen ergeben sich aus § 7 des nachfolgenden Auszugs aus den AVB.

Hält sich die versicherte Person länger als drei Monate ununterbrochen außerhalb Europas auf, besteht kein Anspruch auf Arbeitsunfähigkeitsrente, solange dieser Aufenthalt fortdauert.

5. Bezugsrecht im Leistungsfall

Zahlungen der Lebensversicherung im Leistungsfall erfolgen an den Empfänger der Rückzahlungsraten. Dieser wird einen nach Befriedigung seiner Forderungen eventuell verbleibenden Restbetrag sowie fällig werdende garantierte Leistungen zugunsten des Versicherten bzw. dessen Rechtsnachfolger verwenden.

6. Vorzeitige Kündigung

Wird die Zahlungsverpflichtung vorzeitig erfüllt, so hat der Versicherte das Recht, vom Versicherungsnehmer die vorzeitige Kündigung der Versicherung zu verlangen. Falls ein durch eine Restkreditversicherung abgesicherter Kredit während der Laufzeit des Versicherungsvertrages durch den Versicherten aufgestockt und erneut durch eine Restkreditversicherung abgesichert wird, so wird der Versicherungsnehmer die bestehende Versicherung unverzüglich kündigen. Eine eventuell fällig werdende Rückvergütung wird der Empfänger der Rückzahlungsraten an den Versicherten auszahlen.

6.3 Allgemeine Versicherungsbedingungen für die Restkreditversicherung auf den Todes- und Arbeitsunfähigkeitsfall

- § 1 Welche Leistungen erbringen wir?
- § 2 Wann beginnt der Versicherungsschutz?
- § 3 Wann ist der Rücktritt vom Versicherungsvertrag möglich?
- § 4 Was ist bei der Beitragszahlung zu beachten?
- § 5 Wann kann die Versicherung gekündigt werden?
- § 6 In welchen Fällen ist der Versicherungsschutz ausgeschlossen?
- § 7 Welche Mitwirkungspflichten sind zu beachten, wenn Leistungen verlangt werden?
- § 8 Was gilt bei einer Verletzung der Mitwirkungspflichten nach Eintritt der Arbeitsunfähigkeit?
- § 9 Was gilt für Mitteilungen, die sich auf das Versicherungsverhältnis beziehen?
- § 10 Wer erhält die Versicherungsleistung?
- § 11 Welches Recht findet auf den Vertrag Anwendung?

§ 1 Welche Leistungen erbringen wir?

1. Wir zahlen bei Tod der versicherten Person während der Versicherungsdauer die Todesfallleistung.
2. Ist die Versicherung auch auf den Arbeitsunfähigkeitsfall abgeschlossen und wird die versicherte Person während der Versicherungsdauer arbeitsunfähig, so zahlen wir eine monatliche Arbeitsunfähigkeitsrente.

   a) Der Anspruch auf Arbeitsunfähigkeitsrente entsteht nach Ablauf von sechs Wochen nach Eintritt der Arbeitsunfähigkeit. Wird uns die Arbeitsunfähigkeit später als sechs Monate nach ihrem Eintritt schriftlich mitgeteilt, so entsteht der Anspruch auf die Versicherungsleistung erst mit dem Beginn des Monats der Mitteilung.

b) Der Anspruch auf Arbeitsunfähigkeitsrente erlischt, wenn die Arbeitsunfähigkeit endet, die versicherte Person stirbt, die Versicherung gekündigt wird oder die vereinbarte Versicherungsdauer abläuft.

c) Arbeitsunfähigkeit im Sinne dieser Bedingungen liegt vor, wenn die versicherte Person infolge Gesundheitsstörungen, die ärztlich nachzuweisen sind, außerstande ist, ihre bisherige oder eine andere Tätigkeit auszuüben, die aufgrund ihrer Ausbildung und Erfahrung ausgeübt werden kann und ihrer bisherigen Lebensstellung entspricht.

§ 2 Wann beginnt der Versicherungsschutz?

Der Versicherungsschutz beginnt, wenn der Einmalbeitrag gezahlt wurde, frühestens jedoch zu dem im Ver- sicherungsvertrag genannten Versicherungsbeginn. Vor Abschluss des Versicherungsvertrages sowie vor Auszahlung der Darlehenssumme besteht jedoch noch kein Versicherungsschutz. Versicherungsschutz besteht ebenfalls nicht, wenn vom Vertrag zurückgetreten wurde.

§ 3 Wann ist der Rücktritt vom Versicherungsvertrag möglich?

1. Der Versicherungsnehmer kann innerhalb einer Frist von 30 Tagen nach Abschluss vom Versicherungsvertrag zurücktreten. Zur Wahrung dieser Frist genügt die rechtzeitige Absendung der Rücktrittserklärung.

   Die Frist beginnt erst zu laufen, wenn wir über das Rücktrittsrecht belehrt haben und der Versicherungsnehmer dies mit seiner Unterschrift bestätigt hat. Wenn wir die Belehrung unterlassen haben, erlischt das Rücktrittsrecht einen Monat nach Zahlung des Einmalbeitrags.

2. Der Versicherungsnehmer wird, wenn es die versicherte Person wünscht, vom Vertrag zurücktreten. Ziffer 1 gilt entsprechend.

§ 4 Was ist bei der Beitragszahlung zu beachten?

Der Einmalbeitrag wird sofort nach Abschluss des Versicherungsvertrages fällig (Einlösungsbeitrag).

Wird der Einmalbeitrag nicht rechtzeitig gezahlt, können wir vom Versicherungsvertrag zurücktreten. Es gilt als Rücktritt, wenn wir unseren Anspruch auf den Einmalbeitrag nicht innerhalb von drei Monaten vom Fälligkeitstag an gerichtlich geltend machen.

§ 5 Wann kann die Versicherung gekündigt werden?

Kündigung und Auszahlung der Rückerstattung

1. Der Versicherungsnehmer kann die Versicherung jederzeit mit einer Frist von zwei Wochen zum Schluss eines jeden Monats ganz oder teilweise schriftlich kündigen.

2. Kündigt der Versicherungsnehmer die Versicherung nur teilweise, so ist diese Kündigung unwirksam, wenn die verbleibende Versicherungssumme unter einen Mindestbetrag von 500 Euro sinkt.

   Wenn in diesem Fall die Versicherung beendet werden soll, muss sie also ganz gekündigt werden.

3. Nach Kündigung zahlen wir den nichtverbrauchten Teil des Einmalbeitrages als Rückerstattungsbetrag.

4. Die Rückzahlung des Einmalbeitrages ist nicht möglich.

§ 6 In welchen Fällen ist der Versicherungsschutz ausgeschlossen?

1. Grundsätzlich besteht unsere Leistungspflicht unabhängig davon, auf welcher Ursache der Versicherungsfall beruht.

2. Der Versicherungsschutz erstreckt sich nicht auf die der versicherten Person bekannten ernstlichen Erkrankungen*) sowie Unfallfolgen, wegen derer sie in den letzten 12 Monaten vor Beginn des Versicherungsschutzes ärztlich beraten oder behandelt wurde. Diese Einschränkung gilt nur, wenn der Versicherungsfall innerhalb der nächsten 24 Monate seit Beginn des Versicherungsschutzes eintritt und mit diesen Erkrankungen, sowie Unfallfolgen in ursächlichem Zusammenhang steht.

   *) Ernstliche Erkrankungen sind zum Beispiel Erkrankungen des Herzens und Kreislaufes, der Wirbelsäule und Gelenke, der Verdauungsorgane, Krebs, HIV-Infektionen/AIDS, psychische Erkrankungen, chronische Erkrankungen.

6.3 Allg. Versicherungsbedingungen für die Restkreditversicherung

3. Wir gewähren Versicherungsschutz für den Todesfall auch dann, wenn die versicherte Person in Ausübung des Wehr- oder Polizeidienstes oder bei inneren Unruhen den Tod gefunden hat. Bei Ableben der versicherten Person in unmittelbarem oder mittelbarem Zusammenhang mit kriegerischen Ereignissen beschränkt sich unsere Leistungspflicht allerdings auf die Auszahlung des auf den Todestag berechneten Rückerstattungsbetrages nach § 5. Nach Ablauf des ersten Versicherungsjahres entfällt diese Einschränkung unserer Leistungspflicht, wenn der Versicherte in unmittelbarem oder mittelbarem Zusammenhang mit kriegerischen Ereignissen stirbt, denen er während eines Aufenthaltes außerhalb der Bundesrepublik Deutschland ausgesetzt und an denen er nicht aktiv beteiligt war.

4. Bei Selbsttötung vor Ablauf von zwei Jahren seit Zahlung des Einlösungsbetrages oder seit Wiederherstellung der Versicherung besteht Versicherungsschutz nur dann, wenn uns nachgewiesen wird, dass die Tat in einem die freie Willensbestimmung ausschließenden Zustand krankhafter Störung der Geistestätigkeit begangen worden ist. Anderenfalls zahlen wir den für den Todestag berechneten Rückerstattungsbetrag nach § 5. Bei Selbsttötung nach Ablauf der Zweijahresfrist bleiben wir zur Leistung verpflichtet.

5. Wird mit uns nachträglich eine Erhöhung der Versicherungssumme vereinbart, so gelten die Ziffern 2 bis 4 für die Erhöhung entsprechend.

6. Ist die Versicherung auch auf den Arbeitsunfähigkeitsfall abgeschlossen, so zahlen wir keine Arbeitsunfähigkeitsrente, wenn die Arbeitsunfähigkeit verursacht ist:

   a) unmittelbar oder mittelbar durch Kriegsereignisse oder innere Unruhen, sofern die versicherte Person auf Seiten der Unruhestifter teilgenommen hat;

   b) dadurch, dass die versicherte Person vorsätzlich eine Straftat ausführt oder versucht;

   c) durch absichtliche Herbeiführung von Krankheit oder Kräfteverfall, absichtliche Selbstverletzung oder versuchte Selbsttötung. Wenn uns jedoch nachgewiesen wird, dass diese

Handlungen in einem die freie Willensbestimmung ausschließenden Zustand krankhafter Störung der Geistestätigkeit begangen worden sind, werden wir leisten;

d) durch Drogen-, Medikamenten- oder Alkoholmissbrauch oder deren Folgen;

e) durch Schwangerschaft oder schwangerschaftsbedingte Erkrankungen;

f) durch Beteiligung an Fahrtveranstaltungen mit Kraftfahrzeugen, bei denen es auf die Erzielung einer Höchstgeschwindigkeit ankommt, und den dazugehörigen Übungsfahrten;

g) durch energiereiche Strahlen mit einer Härte von mindestens 100 Elektronen-Volt, durch Neutronen jeder Energie, durch Laser- oder Maser-Strahlen und durch künstlich erzeugte ultraviolette Strahlen.

Wenn eine Bestrahlung für Heilzwecke durch einen Arzt oder unter ärztlicher Aufsicht erfolgt, werden wir leisten.

7. Handelt es sich um einen Versicherungsvertrag, der einen vorangegangenen im Wege einer Kreditaufstockung fortführt (Kündigung des Vorvertrages in Verbindung mit Abschluss eines neuen Versicherungsvertrages mit erhöhter Versicherungssumme) und kann eine beantragte Versicherungsleistung nach 2. oder 4. nicht erbracht werden, dann wird die versicherte Person bei Leistungsanträgen so gestellt, als wenn der Vorvertrag nach der ursprünglichen Vereinbarung weitergeführt worden wäre, das heißt, dass Leistungen ggf. aus dem Vorvertrag erbracht werden können.

8. Hält sich die versicherte Person länger als drei Monate ununterbrochen außerhalb Europas auf, besteht kein Anspruch auf Arbeitsunfähigkeitsrente, solange dieser Aufenthalt fortdauert.

9. Ist die Versicherung auch auf den Arbeitsunfähigkeitsfall abgeschlossen und wurde nachträglich eine Erhöhung der Versicherungssumme vereinbart, so beginnt für den Erhöhungsbetrag die Frist aus Ziffer 2 erneut, und die Regelung nach der Ziffer 6 gilt für den Erhöhungsbetrag von neuem.

§ 7 Welche Mitwirkungspflichten sind zu beachten, wenn Leistungen verlangt werden?

1. Wenn eine Leistung aus dem Versicherungsvertrag verlangt wird, so ist uns dies unverzüglich anzuzeigen.

2. Zum Nachweis des Todes oder einer Arbeitsunfähigkeit der versicherten Person sind uns auf Kosten des die Leistung Beantragenden folgende Unterlagen einzureichen:

   a) eine Durchschrift des Versicherungsvertrages;

   b) zum Nachweis der Arbeitsunfähigkeit und gegebenenfalls zum Nachweis ihres Fortbestehens über den Anerkennungszeitraum hinaus ein Bericht des behandelnden Arztes – möglichst auf unserem Berichtsvordruck;

   c) bei Tod der versicherten Person eine amtliche, Alter und Geburtsort enthaltende Sterbeurkunde und ein ausführliches ärztliches oder amtliches Zeugnis über die Todesursache sowie über Beginn und Verlauf der Krankheit, die zum Tode geführt hat.

3. Wir können – dann allerdings auf unsere Kosten – außerdem weitere notwendige Nachweise sowie ärztliche Nachuntersuchungen durch von uns beauftragte Ärzte verlangen, insbesondere zusätzliche Auskünfte und Aufklärungen. Die versicherte Person hat Ärzte, Krankenhäuser und sonstige Krankenanstalten, bei denen sie in Behandlung war oder sein wird, sowie Personenversicherer und Behörden – mit Ausnahme von Sozialversicherungsträgern – zu ermächtigen, uns auf Verlangen Auskunft zu erteilen.

4. Nach Anerkennung unserer Leistungspflicht sind wir berechtigt, das Fortbestehen der Arbeitsunfähigkeit nachzuprüfen. Zur Nachprüfung können wir auf unsere Kosten sachdienliche Auskünfte und eine Untersuchung der versicherten Person durch einen von uns beauftragten Arzt verlangen.

5. Bei anerkannter Arbeitsunfähigkeit ist die versicherte Person verpflichtet, uns die Aufnahme jeglicher Erwerbstätigkeit unverzüglich anzuzeigen.

6. Unsere Leistungen überweisen wir dem Empfangsberechtigten auf seine Kosten. Bei Überweisung in Länder außerhalb des Europäischen Wirtschaftsraumes trägt der Empfangsberechtigte auch die damit verbundene Gefahr.

§ 8 Was gilt bei einer Verletzung der Mitwirkungspflichten nach Eintritt der Arbeitsunfähigkeit?

Solange eine Mitwirkungspflicht nach § 7 vom Versicherungsnehmer oder der versicherten Person vorsätzlich oder grob fahrlässig nicht erfüllt wird, sind wir von der Verpflichtung zur Leistung frei. Bei grob fahrlässiger Verletzung einer Mitwirkungspflicht bleiben die Ansprüche auf Leistung bei Arbeitsunfähigkeit jedoch insoweit bestehen, als die Verletzung ohne Einfluss auf die Feststellung oder den Umfang unserer Leistungspflicht ist.

Wenn die Mitwirkungspflicht später erfüllt wird, sind wir erst ab Beginn des laufenden Monats nach Maßgabe dieser Bedingungen zur Leistung verpflichtet.

§ 9 Was gilt für Mitteilungen, die sich auf das Versicherungsverhältnis beziehen?

Mitteilungen, die das bestehende Versicherungsverhältnis betreffen, müssen stets schriftlich erfolgen. Für uns bestimmte Mitteilungen werden wirksam, sobald sie uns zugegangen sind.

§ 10 Wer erhält die Versicherungsleistung?

Die Leistung aus dem Versicherungsvertrag erbringen wir an den Darlehensgeber zu Gunsten des Darlehenskontos.

§ 11 Welches Recht findet auf den Vertrag Anwendung?

Auf den Vertrag findet das Recht der Bundesrepublik Deutschland Anwendung.

6.4 Allgemeine Versicherungsbedingungen für die Arbeitslosigkeits-Zusatzversicherung (ALV)

§ 1   Was ist versichert?
§ 2   Welche Voraussetzungen müssen spätestens bis zu Beginn der Arbeitslosigkeit vorgelegen haben?
§ 3   Wann beginnt der Versicherungsschutz
§ 4   Wann endet der Versicherungsschutz?
§ 5   Welche Laufzeiten hat der Versicherungsvertrag, und wie kann er gekündigt werden?
§ 6   Unter welchen Voraussetzungen erbringen wir Versicherungsleistungen (Versicherungsfall)?
§ 7   In welchen Fällen ist die Leistung ausgeschlossen?
§ 8   Was ist bei der Beitragszahlung zu beachten?
§ 9   Für welchen Zeitraum werden Leistungen erbracht?
§ 10 Welche Obliegenheiten sind nach Eintritt des Versicherungsfalles zu erfüllen?
§ 11 Was gilt bei einer Verletzung der Obliegenheiten?
§ 12 Wann kann die Versicherung widerrufen werden?
§ 13 Schlussbestimmungen

§ 1 Was ist versichert?

Wir zahlen dem Versicherungsnehmer im Falle einer Arbeitslosigkeit der versicherten Person aufgrund dringender betrieblicher Erfordernisse (siehe § 6 AVB) eine monatliche Leistung zur Erfüllung ihrer Zahlungsverpflichtung aus Darlehen gegenüber dem Versicherungsnehmer, insoweit schuldbefreiend für die versicherte Person.

Voraussetzung für unsere Leistung ist, dass für die versicherte Person eine Hauptversicherung in Form einer Restkreditversicherung bei der Lebensversicherung besteht und Versicherungsschutz nach diesen Allgemeinen Versicherungsbedingungen gegeben ist.

Die monatliche Leistung für die ALV errechnet sich aus der Anfangsversicherungssumme geteilt durch die Vertragslaufzeit in Monaten.

§ 2 Welche Voraussetzungen müssen spätestens bis zu Beginn der Arbeitslosigkeit erfüllt sein?

1. Es besteht ein abhängiges Beschäftigungsverhältnis:
   a) Die versicherte Person hat das 18. Lebensjahr vollendet und
   b) hat in der Bundesrepublik Deutschland Beiträge zur gesetzlichen Arbeitslosenversicherung zu entrichten und
   c) ihr Beschäftigungsverhältnis
      aa) ist unbefristet und ungekündigt,
      bb) besteht seit mehr als sechs Monaten in demselben Unternehmen,
      cc) sieht eine Wochenarbeitszeit von mindestens 15 Stunden vor und
      dd) ist kein Ausbildungs- oder Probearbeitsverhältnis.
2. Die versicherte Person ist Selbstständiger:
   Seit mindestens 18 Monaten und ohne Unterbrechungen
   a) übt sie denselben freien Beruf aus oder
      aa) betreibt dasselbe Gewerbe oder
      bb) hat unmittelbar oder mittelbar einen beherrschenden Einfluss auf die Leitung derselben Personen- oder Kapitalgesellschaft, in welcher sie selbst als Organ tätig ist und
   b) übt daneben keine weitere berufliche Tätigkeit aus.

§ 3 Wann beginnt der Versicherungsschutz?

Der Versicherungsschutz beginnt drei Monate nach Abschluss des Versicherungsvertrages (Wartezeit).

Kein Versicherungsschutz besteht, wenn der versicherten Person eine Kündigungserklärung des Arbeitgebers innerhalb der Wartezeit zugeht oder während dieser Zeit ein Aufhebungsvertrag oder arbeitsgerichtlicher Vergleich geschlossen wird, auch wenn das Arbeitsverhältnis erst nach Ablauf der Wartezeit endet. Ebenfalls besteht kein Versicherungsschutz für den Fall einer Arbeitslosigkeit, die innerhalb der Wartezeit beginnt, auch wenn sie über die Wartezeit hinaus andauert.

§ 4 Wann endet der Versicherungsschutz?

1. Der Versicherungsschutz endet

   a) mit Beendigung der Versicherung, spätestens jedoch zum Ende des Versicherungsjahres, indem die versicherte Person das 60. Lebensjahr vollendet hat,

   b) sobald die versicherte Person ihr Beschäftigungsverhältnis oder ihre selbstständige Tätigkeit aufgibt (auch bei Ruhestand oder Vorruhestand),

   c) bei Tod der versicherten Person,

   d) wenn die versicherte Person berufs- oder erwerbsunfähig im Sinne der Sozialgesetzgebung wird,

   e) mit Beendigung des Versicherungsvertrages oder

   f) mit Beendigung der Hauptversicherung.

2. Endet der Versicherungsschutz aus einem der genannten Gründe vor Ablauf der vereinbarten Vertragslaufzeit, werden wir dem Versicherungsnehmer den gezahlten Beitrag anteilig erstatten.

§ 5 Welche Laufzeit hat der Versicherungsvertrag, und wie kann er gekündigt werden?

1. Die Laufzeit der ALV entspricht der vereinbarten Laufzeit der Hauptversicherung. Diese beträgt bei der Restkreditversicherung mindestens 24 und höchstens 120 Monate.

2. Der Versicherungsnehmer kann die ALV jederzeit mit einer Frist von zwei Wochen zum Schluss eines jeden Monats schriftlich kündigen.

3. Im Falle der Kündigung der ALV erstatten wir dem Versicherungsnehmer den gezahlten Beitrag anteilig, wenn die Rückerstattung mindestens 10,- Euro beträgt.

4. Eine Kündigung kann auf die ALV beschränkt werden, so dass die Hauptversicherung davon nicht berührt wird. Wird die Hauptversicherung gekündigt, bezieht sich die Kündigung auch auf die ALV.

§ 6 Unter welchen Voraussetzungen erbringen wir Versicherungsleistungen (Versicherungsfall)?

Wir zahlen dem Versicherungsnehmer die vereinbarte monatliche Leistung, wenn folgende Voraussetzungen vorliegen:

1. Die Arbeitslosigkeit ist während der Laufzeit des Versicherungsvertrages eingetreten.
2. Die versicherte Person ist bei der Bundesagentur für Arbeit als Arbeit suchend gemeldet.
3. Es bestand ein abhängiges Beschäftigungsverhältnis:

    a) Es liegt eine Arbeitslosigkeit aufgrund dringender betrieblicher Erfordernisse vor. Dies ist der Fall, wenn

    1) das Arbeitsverhältnis der versicherten Person gemäß § 2 Nr. 1 durch Kündigung aus dringenden betrieblichen Erfordernissen im Sinne von § 1 Absatz 2 Kündigungsschutzgesetz (z. B. Umsatzrückgang, Betriebsschließung, Insolvenz) beendet wurde; im Falle wiederholter Arbeitslosigkeit muss zuletzt wieder ein Arbeitsverhältnis i. S. von § 2 Nr. 1 bestanden haben;

    2) das Arbeitsverhältnis

    aa) durch arbeitsgerichtlichen Vergleich zur Erledigung eines Kündigungsschutzprozesses aufgrund einer Kündigung aus dringenden betrieblichen Erfordernissen oder

    bb) durch Aufhebungsvertrag zur Abwendung einer Kündigung aus dringenden betrieblichen Erfordernissen beendet wurde.

    b) Versicherungsschutz besteht auch dann, wenn das Unternehmen, in dem die versicherte Person beschäftigt ist, die für die Anwendbarkeit des Kündigungsschutzgesetzes erforderliche Anzahl von Arbeitnehmern nicht erreicht.

    c) Versicherungsschutz besteht auch, wenn die versicherte Person im Anschluss an eine vereinbarte Probezeit aus den in § 6 Nr. 3 genannten Gründen nicht in ein Dauerarbeitsverhältnis übernommen wird, sofern sie zuvor freiwillig ein Beschäftigungsverhältnis i. S. v. § 2 Nr. 1 aufgegeben hat, weil sie ein anderes Beschäftigungsverhältnis eingegangen ist.

d) Eine Arbeitslosigkeit, die durch eine verhaltensbedingte Kündigung (z. B. schuldhaftes Fehlverhalten des Arbeitnehmers) oder durch eine personenbedingte Kündigung (z. B. dauerhafte Erkrankung des Arbeitnehmers) verursacht wurde, stellt keine Arbeitslosigkeit im Sinne dieser Bedingungen dar.

4. Die versicherte Person ist Selbstständiger:

Arbeitslosigkeit aufgrund dringender betrieblicher Erfordernisse liegt vor, wenn die versicherte Person ihre selbstständige Tätigkeit gemäß § 2 Nr. 2 aus wirtschaftlichen Gründen (das heißt nicht wegen Arbeitsunfähigkeit, Erwerbs- oder Berufsunfähigkeit) aufgibt.

§ 7 In welchen Fällen ist die Leistung ausgeschlossen?

Die Leistung ist ausgeschlossen, wenn

1. die versicherte Person bei Vertragsabschluss Kenntnis von der bevorstehenden Beendigung ihres Arbeitsverhältnisses hatte oder ihr die Umstände bekannt waren, die zur Aufgabe der selbstständigen Tätigkeit führten,

2. eine periodisch wiederkehrende (saisonbedingte) Arbeitslosigkeit vorliegt,

3. Leistungen wegen Arbeitsunfähigkeit aus der Hauptversicherung erfolgen oder

4. die Arbeitslosigkeit aufgrund von Streik, Arbeitskampf oder Arbeitsverweigerung eingetreten ist oder die Arbeitslosigkeit durch Krieg, kriegerische Ereignisse, innere Unruhen, Aufruhr, Verfügungen von hoher Hand oder höhere Gewalt oder durch Kernenergie mitverursacht worden ist.

§ 8 Was ist bei der Beitragszahlung zu beachten?

Für die ALV berechnen wir einen Einmalbeitrag. Dieser Beitrag wird sofort nach Abschluss des Versicherungsvertrages fällig.

Wird der Beitrag nicht rechtzeitig gezahlt, können wir vom Versicherungsvertrag zurücktreten. Als Rücktritt gilt, wenn wir unseren Anspruch auf den Beitrag nicht innerhalb von drei Monaten vom Fälligkeitstag an gerichtlich geltend machen.

§ 9 Für welchen Zeitraum werden Leistungen erbracht?

1. Der Anspruch auf die Versicherungsleistung entsteht bei ununterbrochener Arbeitslosigkeit nach Ablauf von drei Monaten ab Beginn der Arbeitslosigkeit (Karenzzeit). Die Karenzzeit gilt bei jeder weiteren Arbeitslosigkeit erneut. Wird uns die Arbeitslosigkeit später als drei Monate nach ihrem Eintritt schriftlich mitgeteilt, entsteht der Anspruch auf Versicherungsleistungen erst mit Beginn des Monats der Mitteilung.

2. Die Versicherungsleistungen werden während der Dauer der Arbeitslosigkeit erbracht, höchstens jedoch für 18 Monate. Bei erneuter Arbeitslosigkeit besteht nach Ablauf der Karenzzeit erneut ein Leistungsanspruch, wenn die Voraussetzungen der §§ 2 und 6 wieder vorliegen.

3. Tritt ein Versicherungsfall ein und erfüllt ein neues Beschäftigungsverhältnis oder eine neue selbstständige Tätigkeit nicht die Voraussetzungen des § 2, wird der Anspruch auf Leistungen unterbrochen. Tritt erneut eine Arbeitslosigkeit ein, werden die Leistungen für die noch nicht verbrauchte Leistungsdauer fortgesetzt.

4. Der Anspruch auf Leistung endet spätestens mit Beendigung der Arbeitslosigkeit (z. B. bei Aufnahme eines neuen Arbeitsverhältnisses oder einer neuen selbstständigen Tätigkeit) oder mit Beendigung des Versicherungsschutzes gemäß § 4, selbst wenn die Leistungsdauer nach Nr. 2 noch nicht abgelaufen ist.

§ 10 Welche vertraglichen Obliegenheiten sind nach Eintritt des Versicherungsfalls zu erfüllen?

Versicherungsleistungen können erst beansprucht werden, wenn die versicherte Person folgende Verpflichtungen erfüllt hat:

1. Der Eintritt des Versicherungsfalls ist uns nach Kenntnis unverzüglich schriftlich anzuzeigen.

2. Zum Nachweis des Versicherungsfalls sind uns von der versicherten Person geeignete Unterlagen (z. B. Nachweis, dass die Voraussetzungen der §§ 2 und 6 vorliegen; Meldung bei der Bundesagentur für Arbeit als Arbeit suchend; Nachweis über aktives Bemühen um Arbeit) – möglichst unter Verwendung eines Vordrucks zur Schadenmeldung – einzureichen.

3. Erbringen wir Leistungen, ist uns bei fortdauernder Arbeitslosigkeit alle vier Wochen eine Bescheinigung der Bundesagentur für Arbeit vorzulegen, aus der hervorgeht, dass die versicherte Person weiterhin als Arbeit suchend gemeldet ist.

4. Das Ende der Arbeitslosigkeit ist uns unverzüglich schriftlich anzuzeigen.

§ 11 Was gilt bei einer Verletzung der Obliegenheiten?

Solange eine der in § 10 oder im Gesetz über den Versicherungsvertrag genannten Obliegenheiten durch die versicherte Person vorsätzlich oder grob fahrlässig nicht erfüllt wird, sind wir von der Verpflichtung zur Leistung frei. Hat bei einer grob fahrlässigen Obliegenheitsverletzung diese keinen Einfluss auf die Feststellung oder den Umfang der Leistungspflicht, bleibt unsere Leistungspflicht bestehen.

§ 12 Wann kann die Versicherung widerrufen werden?

Der Versicherungsnehmer kann den Versicherungsvertrag innerhalb einer Frist von 30 Tagen widerrufen.

§ 13 Schlussbestimmungen

1. Änderungen oder Ergänzungen zum Versicherungsverhältnis bedürfen der Schriftform. Willenserklärungen und Anzeigen sind ausschließlich gegenüber dem Schadenversicherer, Straße, PLZ Ort, abzugeben. Zu ihrer Entgegennahme sind Versicherungsvermittler nicht bevollmächtigt.

2. Erfüllungsort und Gerichtsstand für aus dem Versicherungsvertrag entstehende Streitigkeiten sind, soweit gesetzlich zulässig, Ort ... § 48 des Versicherungsvertragsgesetzes (Stand 2005) bleibt unberührt.

3. Auf den Vertrag findet das Recht der Bundesrepublik Deutschland Anwendung.

4. Alle uns gegenüber abzugebenden Anzeigen und Erklärungen, die das Versicherungsverhältnis betreffen, sollen an die

    Schadenversicherung

    Straße
    PLZOrt

    gerichtet werden.

E-Mail-Adresse: ....; Tel.: ....

sog. Vorstandsleiste ....

6.5 Merkblatt zur Datenverarbeitung

Personenbezogene Daten dürfen nach dem Bundesdatenschutzgesetz, BDSG, nur nach den dort vorgegebenen Regeln genutzt und verarbeitet werden. Dies gilt selbstverständlich auch für den Abschluss von Restkreditversicherungen. Mit der Unterschrift unter den Vertrag bestätigt der Kunde, im Rahmen der vertragsrelevanten Unterlagen auch das Merkblatt zur Datenverarbeitung erhalten zu haben.

Merkblatt zur Datenverarbeitung

Vorbemerkung

Versicherungen können heute ihre Aufgaben nur noch mit Hilfe der elektronischen Datenverarbeitung (EDV) erfüllen. Nur so lassen sich Vertragsverhältnisse korrekt, schnell und wirtschaftlich abwickeln; auch bietet die EDV einen besseren Schutz der Versichertengemeinschaft vor missbräuchlichen Handlungen als die bisherigen manuellen Verfahren. Die Verarbeitung der uns bekannt gegebenen Daten zu Ihrer Person wird durch das Bundesdatenschutzgesetz (BDSG) geregelt. Danach ist die Datenverarbeitung und -nutzung zulässig, wenn das BDSG oder eine andere Rechtsvorschrift sie erlaubt oder wenn der Betroffene eingewilligt hat. Das BDSG erlaubt die Datenverarbeitung und -nutzung stets, wenn dies im Rahmen der Zweckbestimmung eines Vertragsverhältnisses oder vertragsähnlichen Vertrauensverhältnisses geschieht oder soweit es zur Wahrung berechtigter Interessen der speichernden Stelle erforderlich ist und kein Grund zur Annahme besteht, dass das schutzwürdige Interesse des Betroffenen an dem Ausschluss der Verarbeitung oder Nutzung überwiegt.

Einwilligungserklärung

Unabhängig von dieser im Einzelfall vorzunehmenden Interessenabwägung und im Hinblick auf eine sichere Rechtsgrundlage für die Datenverarbeitung ist in Ihren Versicherungsantrag eine Einwilligungserklärung nach dem BDSG aufgenommen worden. Diese gilt über die Beendigung des Versicherungsvertrages hinaus, endet jedoch – außer in der Lebens- und Unfallversicherung – schon mit

Ablehnung des Antrags oder durch Ihren jederzeit möglichen Widerruf. Wird die Einwilligungserklärung bei Antragstellung ganz oder teilweise gestrichen, kommt es unter Umständen nicht zu einem Vertragsabschluss. Trotz Widerruf oder ganz bzw. teilweise gestrichener Einwilligungserklärung kann eine Datenverarbeitung und -nutzung in dem begrenzten gesetzlich zulässigen Rahmen, wie in der Vorbemerkung beschrieben, erfolgen.

Schweigepflichtentbindungserklärung

Daneben setzt auch die Übermittlung von Daten, die wie zum Beispiel beim Arzt, einem Berufsgeheimnis unterliegen, eine spezielle Erlaubnis des Betroffenen (Schweigepflichtentbindung) voraus. In der Lebens-, Kranken- und Unfallversicherung (Personenversicherung) ist daher im Antrag auch eine Schweigepflichtentbindungsklausel enthalten.

Im Folgenden wollen wir Ihnen einige wesentliche Beispiele für die Datenverarbeitung und -nutzung nennen.

1. Datenspeicherung bei Ihrem Versicherer

Wir speichern Daten, die für den Versicherungsvertrag notwendig sind. Das sind zunächst Ihre Angaben im Antrag (Antragsdaten). Weiter werden zum Vertrag versicherungstechnische Daten wie Kundennummer (Partnernummer), Versicherungssumme, Versicherungsdauer, Beitrag, Bankverbindung sowie erforderlichenfalls die Angaben eines Dritten, zum Beispiel eines Vermittlers, eines Sachverständigen oder eines Arztes geführt (Vertragsdaten). Bei einem Versicherungsfall speichern wir Ihre Angaben zum Schaden und gegebenenfalls auch Angaben von Dritten, wie beispielsweise den vom Arzt ermittelten Grad der Berufsunfähigkeit, die Feststellung Ihrer Reparaturwerkstatt über einen Kfz-Totalschaden oder bei Ablauf einer Lebensversicherung den Auszahlungsbetrag (Leistungsdaten).

2. Datenübermittlung an Rückversicherer

Im Interesse seiner Versicherungsnehmer wird ein Versicherer stets auf einen Ausgleich der von ihm übernommenen Risiken achten. Deshalb geben wir in vielen Fällen einen Teil der Risiken an Rückversicherer im In- und Ausland ab. Diese Rückversicherer benötigen ebenfalls entsprechende versicherungstechnische Angaben von uns, wie Versicherungsnummer, Beitrag, Art des Versicherungsschutzes und des Risikos und Risikozuschlags sowie im Einzelfall auch Ihre Personalien.

Soweit Rückversicherer bei der Risiko- und Schadenbeurteilung mitwirken, werden Ihnen auch die dafür erforderlichen Unterlagen zur Verfügung gestellt. In einigen Fällen bedienen sich die Rückversicherer weiterer Rückversicherer, denen sie ebenfalls entsprechende Daten übergeben.

3. Datenübermittlung an andere Versicherer

Nach dem Versicherungsvertragsgesetz hat der Versicherte bei Antragstellung, jeder Vertragsänderung und im Schadenfall dem Versicherer alle für die Einschätzung des Wagnisses und die Schadenabwicklung wichtigen Umstände anzugeben. Hierzu gehören zum Beispiel frühere Krankheiten und Versicherungsfälle oder Mitteilungen über gleichartige andere Versicherungen (beantragte, bestehende, abgelehnte oder gekündigte). Um Versicherungsmissbrauch zu verhindern, eventuelle Widersprüche in den Angaben des Versicherten aufzuklären oder um Lücken bei den Feststellungen zum entstandenen Schaden zu schließen, kann es erforderlich sein, andere Versicherer um Auskunft zu bitten oder entsprechende Auskünfte auf Anfragen zu erteilen.

Auch sonst bedarf es in bestimmten Fällen (Doppelversicherungen, gesetzlicher Forderungsübergang sowie bei Teilungsabkommen) eines Austausches von personenbezogenen Daten unter den Versicherern. Dabei werden Daten des Betroffenen weitergegeben, wie Name und Anschrift, Kfz-Kennzeichen, Art des Versicherungsschutzes und des Risikos oder Angaben zum Schaden, wie Schadenhöhe und Schadentag.

4. Zentrale Hinweissysteme

Bei Prüfung eines Antrags oder eines Schadens kann es notwendig sein, zur Risikobeurteilung, zur weiteren Aufklärung des Sachverhalts oder zur Verhinderung von Versicherungsmissbrauch Anfragen an den zuständigen Fachverband bzw. an andere Versicherer zu richten oder auch entsprechende Anfragen anderer Versicherer zu beantworten. Dazu bestehen beim Gesamtverband der Deutschen Versicherungswirtschaft e.V. und beim Verband der privaten Krankenversicherung e.V. zentrale Hinweissysteme.

Die Aufnahme in diese Hinweissysteme und deren Nutzung erfolgt lediglich zu Zwecken, die mit dem jeweiligen System verfolgt werden dürfen, also nur soweit bestimmte Voraussetzungen erfüllt sind.

Beispiele:

Kfz-Versicherer

- Registrierung von auffälligen Schadenfällen, Kfz-Diebstählen sowie von Personen, bei denen der Verdacht des Versicherungsmissbrauchs besteht.
  Zweck: Risikoprüfung, Schadenaufklärung und -verhütung.

Lebensversicherer

- Aufnahme von Sonderrisiken, zum Beispiel Ablehnung des Risikos bzw. Annahme mit Beitragszuschlag aus versicherungsmedizinischen Gründen,
- aufgrund der Auskünfte anderer Versicherer,
- wegen verweigerter Nachuntersuchung; Aufhebung des Vertrages durch Rücktritt oder Anfechtung seitens des Versicherers; Ablehnung des Vertrages seitens des Versicherungsnehmers wegen geforderter Beitragszuschläge.
  Zweck: Risikoprüfung.

Rechtsschutzversicherer

- Vorzeitige Kündigungen und Kündigungen zum normalen Vertragsablauf durch den Versicherer nach mindestens zwei Versicherungsfällen innerhalb von 12 Monaten.
- Kündigungen zum normalen Vertragsablauf durch den Versicherer nach mindestens 3 Versicherungsfällen innerhalb von 36 Monaten.

- Vorzeitige Kündigungen und Kündigungen zum normalen Vertragsablauf bei konkret begründetem Verdacht einer betrügerischen Inanspruchnahme der Versicherung.

Zweck: Überprüfung der Angaben zu Vorversicherungen bei der Antragstellung.

Sachversicherer

- Aufnahme von Schäden und Personen, wenn Brandstiftung vorliegt oder wenn aufgrund des Verdachts des Versicherungsmissbrauchs der Vertrag gekündigt wird und bestimmte Schadensummen erreicht sind.

Zweck: Risikoprüfung, Schadenaufklärung, Verhinderung weiteren Missbrauchs.

Transportversicherer

- Aufnahme von auffälligen (Verdacht des Versicherungsmissbrauchs) Schadenfällen, insbesondere in der Reisegepäckversicherung.

Zweck: Schadenaufklärung und Verhinderung von Versicherungsmissbrauch

Unfallversicherer

- Meldung bei erheblicher Verletzung der vorvertraglichen Anzeigepflicht,
- Leistungsablehnung wegen vorsätzlicher Obliegenheitsverletzung im Schadenfall, wegen Vortäuschung eines Unfalls oder von Unfallfolgen,
- außerordentliche Kündigung durch den Versicherer nach Leistungserbringung oder Klageerhebung auf Leistung.

Zweck: Risikoprüfung und Aufdeckung von Versicherungsmissbrauch.

Allgemeine Haftpflichtversicherung

- Registrierung von auffälligen Schadenfällen sowie von Personen, bei denen der Verdacht des Versicherungsmissbrauchs besteht.

Zweck: Risikoprüfung, Schadenaufklärung und -verhütung.

5. Datenverarbeitung in und außerhalb der Unternehmensgruppe

Einzelne Versicherungsbranchen (zum Beispiel Lebens-, Kranken-, Sachversicherung) und andere Finanzdienstleistungen (zum Beispiel Kredite, Bausparen, Kapitalanlagen, Immobilien) werden durch rechtlich selbstständige Unternehmen betrieben. Um den Kunden einen umfassenden Versicherungsschutz anbieten zu können, arbeiten die Unternehmen häufig in Unternehmensgruppen zusammen.

Zur Kostenersparnis werden dabei einzelne Bereiche zentralisiert, wie das Inkasso oder die Datenverarbeitung. So wird zum Beispiel Ihre Adresse nur einmal gespeichert, auch wenn Sie Verträge mit verschiedenen Unternehmen der Gruppe abschließen; und auch Ihre Versicherungsnummer, die Art der Verträge, gegebenenfalls Ihr Geburtsdatum, Kontonummer und Bankleitzahl; das heißt, Ihre allgemeinen Antrags-, Vertrags- und Leistungsdaten, werden in einer zentralen Datensammlung geführt. Dabei sind so genannte Partnerdaten (zum Beispiel Name, Adresse, Kundennummer, Kontonummer, Bankleitzahl, bestehende Verträge) von allen Unternehmen der Gruppe abfragbar. Auf diese Weise kann eingehende Post immer richtig zugeordnet und bei telefonischen Anfragen sofort der zuständige Partner genannt werden. Auch Geldeingänge können so in Zweifelsfällen ohne Rückfragen korrekt verbucht werden.

Die übrigen allgemeinen Antrags-, Vertrags- und Leistungsdaten sind dagegen nur von den Versicherungsunternehmen der Gruppe abfragbar. Obwohl alle diese Daten zur Beratung und Betreuung des jeweiligen Kunden durch die einzelnen Unternehmen verwendet werden, spricht das Gesetz auch hier von „Datenübermittlung", bei der die Vorschriften des Bundesdatenschutzgesetzes zu beachten sind. Branchenspezifische Daten – wie zum Beispiel Gesundheits- oder Bonitätsdaten – bleiben dagegen unter ausschließlicher Verfügung der jeweiligen Unternehmen.

Unserer Versicherungsgruppe gehören zur Zeit folgende Unternehmen an (zum Beispiel):

    Versicherung AG
    Lebensversicherung AG
    Allgemeine Versicherung AG
    Rechtsschutzversicherung AG
    Krankenversicherung AG

Daneben arbeiten unsere Versicherungsunternehmen und Vermittler zur umfassenden Beratung und Betreuung ihrer Kunden in weiteren Finanzdienstleistungen (zum Beispiel Kredite, Bausparverträge, Kapitalanlagen, Immobilien) auch mit den folgenden Unternehmen zusammen.

Dies sind zur Zeit (zum Beispiel):

Banken

Hypothekenbank AG

Bausparkasse AG

LEASING AG

Die Zusammenarbeit besteht dabei in der gegenseitigen Vermittlung der jeweiligen Produkte und der weiteren Betreuung der so gewonnenen Kunden. So vermitteln zum Beispiel die genannten Kreditinstitute im Rahmen einer Kundenberatung/-betreuung Versicherungen als Ergänzung zu den eigenen Finanzdienstleistungsprodukten.

Für die Datenverarbeitung der vermittelnden Stelle gelten die folgenden Ausführungen unter Punkt 6.

6. Betreuung durch Versicherungsvermittler

In Ihren Versicherungsangelegenheiten sowie im Rahmen des sonstigen Dienstleistungsangebots unserer Versicherungsgruppe bzw. unserer Kooperationspartner werden Sie durch einen unserer Vermittler betreut, der Sie mit Ihrer Einwilligung auch in sonstigen Finanzdienstleistungen berät. Vermittler in diesem Sinne sind neben Einzelpersonen auch Vermittlungsgesellschaften sowie im Rahmen der Zusammenarbeit bei Finanzdienstleistungen auch Kreditinstitute, Bausparkassen, Kapitalanlage- und Immobiliengesellschaften und andere. Um seine Aufgaben ordnungsgemäß erfüllen zu können, erhält der Vermittler zu diesen Zwecken von uns die für die Betreuung und Beratung notwendigen Angaben aus Ihren Antrags-, Vertrags- und Leistungsdaten, zum Beispiel Versicherungsnummer, Beiträge, Art des Versicherungsschutzes und des Risikos, Zahl der Versicherungsfälle und Höhe von Versicherungsleistungen sowie von unseren Partner-/Verbundunternehmen Angaben über andere finanzielle Dienstleistungen, zum Beispiel Abschluss und Stand

Ihres Bausparvertrages. Ausschließlich zum Zweck von Vertragsanpassungen in der Personenversicherung können an den zuständigen Vermittler auch Gesundheitsdaten übermittelt werden.

Unsere Vermittler verarbeiten und nutzen selbst diese personenbezogenen Daten im Rahmen der genannten Beratung und Betreuung des Kunden. Auch werden Sie von uns über Änderungen der kundenrelevanten Daten informiert. Jeder Vermittler ist gesetzlich und vertraglich verpflichtet, die Bestimmungen des BDSG und seine besonderen Verschwiegenheitspflichten (zum Beispiel Berufsgeheimnis und Datengeheimnis) zu beachten.

Der für Ihre Betreuung zuständige Vermittler wird Ihnen mitgeteilt. Endet seine Tätigkeit für unser Unternehmen (zum Beispiel durch Kündigung des Vermittlervertrages oder bei Pensionierung), regelt das Unternehmen Ihre Betreuung neu; Sie werden hierüber informiert.

7. Weitere Auskünfte und Erläuterungen über Ihre Rechte

Sie haben als Betroffener nach dem Bundesdatenschutzgesetz neben dem eingangs erwähnten Widerrufsrecht ein Recht auf Auskunft sowie unter bestimmten Voraussetzungen ein Recht auf Berichtigung, Sperrung oder Löschung Ihrer in einer Datei gespeicherten Daten. Wegen eventueller weiterer Auskünfte und Erläuterungen wenden Sie sich bitte an den betrieblichen Datenschutzbeauftragten Ihres Versicherers. Richten Sie auch ein etwaiges Verlangen auf Auskunft, Berichtigung, Sperrung oder Löschung wegen der beim Rückversicherer gespeicherten Daten stets an Ihren Versicherer.

7. Anhang

Lexikon der Restkreditversicherung

Die folgenden Stichworte erläutern Grundbegriffe der Restkreditversicherung (RKV) und der Payment Protection Insurance (PPI). Wegen unterschiedlicher Versicherungsbedingungen der einzelnen Anbieter sind Abweichungen denkbar.

Änderung des Kreditvertrages

Bei einer Aufstockung oder einer Ablösung des Kredits kündigt die Bank als Versicherungsnehmer im Auftrag des Kreditnehmers die RKV → Kündigung.

Arbeitslosigkeit (AL)

Arbeitslosigkeit liegt vor, wenn das Arbeitsverhältnis der versicherten Person auf Grund dringender betrieblicher Erfordernisse beendet wurde, sie bei der Bundesagentur für Arbeit als arbeitslos gemeldet ist und Arbeitslosengeld bezieht. Versicherbar sind alle, die gegen Entgelt tätig sind und Anspruch auf Arbeitslosengeld haben; einige Anbieter versichern auch Selbstständige.

Arbeitsunfähigkeit (AU)

Arbeitsunfähigkeit liegt vor, wenn die versicherte Person aus gesundheitlichen Gründen (Krankheit oder Unfall) außerstande ist, ihre bisherige oder eine vergleichbare Tätigkeit auszuüben.

Ausschlussklausel

Der Versicherungsschutz erstreckt sich nicht auf die der versicherten Person bekannten ernstlichen Gesundheitsstörungen (Erkrankung oder Unfallfolge), wegen derer sie in den letzten 12 Monaten vor Beginn des Versicherungsschutzes ärztlich beraten oder behandelt wurde. Diese Einschränkung gilt nur, wenn ein Versicherungsfall innerhalb der nächsten 24 Monate eintritt und mit diesen Gesundheitsstörungen in ursächlichem Zusammenhang steht.

Ernstliche Gesundheitsstörungen sind unter anderem Erkrankungen des Herzens und des Kreislaufs, der Wirbelsäule und Gelenke, der Verdauungsorgane, Krebs, HIV-Infektionen, psychische und chronische Erkrankungen.

Außenstands-Versicherung / Kontostands-Versicherung

Die Außenstands-Versicherung / Kontostands-Versicherung wird angeboten für Dispo- bzw. Überziehungskredite und Kreditkartenkonten. Versichert ist der Saldo an einem vertraglich festgelegten Tag; die Beiträge werden monatlich entsprechend dem aktuellen Saldo von der Bank berechnet und dem Konto belastet. Die Bank meldet die Daten dem Versicherer durch Datenträgeraustausch.

Beiträge

Die Beiträge der RKV richten sich nach dem Alter und Geschlecht der versicherten Person, dem gewählten Deckungsumfang und der Dauer des Vertrages. Auf dem Markt findet man auch Einheitstarife, die alters- und geschlechtsunabhängig sind.

Die Beiträge zur Arbeitslosigkeitsversicherung sind stets alters- und geschlechtsunabhängig.

Für Ratenkredite wird ein Einmalbeitrag berechnet. Die Kalkulation berücksichtigt, dass die Versicherungssumme für den Todesfall entsprechend der Tilgung monatlich fällt → Mitfinanzierung.

Jahresbeiträge werden bei der Kreditrahmenversicherung berechnet. Auch für bestimmte Formen der PPI ist eine jährliche Beitragszahlung denkbar.

Monatsbeiträge werden für die Außenstands-Versicherung / Kontostands-Versicherung und für die PPI berechnet.

Bezugsrecht

Unwiderruflich bezugsberechtigt für alle Leistungen aus der RKV ist die Bank. Die Versicherungsleistungen werden auf das Kreditkonto überwiesen. Sind die Leistungen des Versicherers höher als die zu tilgende Schuld, ist die Bank verpflichtet, die Differenz dem Kreditnehmer bzw. seinen Erben auszuzahlen.

Eintrittsalter / Endalter

Für den Abschluss der RKV gibt es Höchsteintrittsalter und Höchstendalter. Sie sind bei den einzelnen Anbietern unterschiedlich definiert und variieren auch nach Deckungsumfang.

Gesundheitsprüfung

Für die Restkreditversicherung stellen die Versicherer keine Fragen nach dem Gesundheitszustand. → Ausschlussklausel.

Karenzzeit

Die Karenzzeit ist die leistungsfreie Zeit zwischen dem Eintritt des Versicherungsfalles (Arbeitsunfähigkeit, Arbeitslosigkeit) und dem Beginn der Rentenzahlungen.

Bei Arbeitsunfähigkeit beträgt die Karenzzeit – nach den Bedingungen der Versicherer – 30, 42, 60 oder 90 Tage; bei Arbeitslosigkeit 3 bis 6 Monate.

Für die Todesfallversicherung gibt es keine Karenzzeit.

Kreditrahmenversicherung

Diese Versicherung wird abgeschlossen, wenn der Kreditrahmen eines Kontos versichert werden soll. Versicherungssumme ist der eingeräumte Kredit oder das Limit der Kreditkarte. Die Versicherung verlängert sich von Jahr zu Jahr solange das Kreditkonto besteht und der Versicherungsvertrag nicht gekündigt wird.

Kündigung des Versicherungsvertrages

Der versicherte Kreditnehmer kann von der Bank verlangen, dass sie seine RKV kündigt. In diesem Fall wird der nicht verbrauchte Teil des Einmalbeitrages vom Versicherer erstattet; er ist der versicherten Person gutzuschreiben.

Laufzeit

→ Versicherungsdauer.

Leistungsdauer

AU-Renten werden gezahlt, solange die Arbeitsunfähigkeit dauert, längstens bis zum Ende der Versicherungsdauer.

AL-Renten werden für Dauer der Arbeitslosigkeit gezahlt, höchstens für 12, 18 oder 24 Monate – je nach Anbieter.

Merkblatt

Zusammen mit dem → Versicherungsvertrag erhält der versicherte Kreditnehmer ein ausführliches Merkblatt mit den für ihn geltenden Rechtsvorschriften.

Mitfinanzierung

Der Einmalbeitrag ist Standard bei Ratenkrediten. Er wird von der Bank mitfinanziert. Die Versicherungskosten sind in den monatlichen Tilgungsraten enthalten.

Police

→ Versicherungsschein
→ Versicherungsvertrag

PPI

= Payment Protection Insurance. Absicherung von Zahlungsverpflichtungen des täglichen Lebens zum Beispiel Miete, Strom, Heizkosten, Telefon.

Prämie

→ Beiträge.

Rahmenvertrag

Zwischen der Bank als Versicherungsnehmer und dem Versicherer wird ein Rahmenvertrag abgeschlossen. Darin verpflichtet sich die Bank, Wünsche des Versicherten auf vertragliche Veränderungen an den Versicherer weiterzugeben und Beträge, die im Versicherungsfall nach Verrechnung der Kreditforderungen übrig bleiben, dem Konto der versicherten Person gutzuschreiben. Auch Überschussanteile und Rückvergütungen sind zugunsten des Versicherten bzw. seiner Erben zu verwenden.

RKV

= Restkreditversicherung.

Selbsttötung

Bei einer Selbsttötung in den ersten zwei Versicherungsjahren ist die Leistungspflicht ausgeschlossen, es sei denn, es liegt eine krankhafte Störung der Geistestätigkeit vor.

Versicherte Person

Versicherte Person ist stets der Kreditnehmer. Zusätzlich kann der zweite Kreditnehmer oder ein Bürge mitversichert werden.

Versicherungsdauer

Die RKV kann mit Laufzeiten zwischen 3 und 120 Monaten abgeschlossen werden. Die Laufzeit der Versicherung entspricht der Laufzeit des Kredits, wobei die unterschiedlichen Höchstendalter der Versicherer zu beachten sind.

Lexikon der Restkreditversicherung

Versicherungsnehmer (VN)

Bei der RKV ist die Bank Versicherungsnehmer. Die Rechte des versicherten Kreditnehmers werden im → Rahmenvertrag geregelt.

Versicherungsschein

Ein Versicherungsschein wird nicht erstellt. Als Bestätigung für den Abschluss der RKV erhält die versicherte Person eine Ausfertigung des Vertragsformulars zusammen mit einem → Merkblatt. Dies kann ein separates RKV-Formular sein oder ein Vertragsformular, in dem Kredit und RKV zusammengefasst sind.

Versicherungssumme für den Todesfall

Die RKV wird mit einer monatlich fallenden Versicherungssumme abgeschlossen; der Versicherungsschutz reduziert sich entsprechend der Summe der noch fälligen Kreditraten. Für die Kreditrahmenversicherung und für vereinbarte hohe Schlussraten gibt es die gleich bleibende Versicherungssumme.

Versicherungsvertrag

Der Kreditvertrag ist meistens auch der Versicherungsvertrag. Der Versicherungsvertrag kommt gleichzeitig mit dem Kreditvertrag zustande, sofern die versicherte Person zum „versicherungsfähigen Personenkreis" gehört → Eintrittsalter / Endalter.

Es gilt zwischen Gruppenversicherungen (VN ist der Kreditgeber) und Einzelversicherungen für große Kredite und Baufinanzierungen zu unterscheiden. Bei Einzelversicherungen ist der Kreditnehmer auch der Versicherungsnehmer.

Wartezeit

In der Arbeitslosigkeitsversicherung ist das der Zeitraum zwischen dem Abschluss der Versicherung und dem Beginn des Versicherungsschutzes. Die Wartezeit ist bei den einzelnen Anbietern unterschiedlich: 3 oder 6 Monate.